Reise nach Argentinien

Kulturkompass fürs Handgepäck

Herausgegeben von Eva Karnofsky

Übersetzungen von Gisbert Haefs, Eva Karnofsky, Curt Meyer-Clason und Matthias Strobel

Unionsverlag
Zürich

Im Internet
Aktuelle Informationen,
Dokumente, Materialien
www.unionsverlag.com

Unionsverlag Taschenbuch 473

Rieterstrasse 18, CH-8027 Zürich
Telefon 0041-44-283 20 00, Fax 0041-44-283 20 01
mail@unionsverlag.ch

Verwendung der Karte auf der Umschlaginnenseite mit freundlicher Genehmigung des Reise Know-How Verlags, Bielefeld.
Reihengestaltung: Heinz Unternährer
Umschlaggestaltung: Peter Löffelholz, Zürich
Umschlagfoto: Alex Nikada
Druck und Bindung: CPI – Clausen & Bosse, Leck
ISBN 978-3-293-20473-7

Inhalt

Willkommen zum Mate

Mónica Gloria Hoss de le Comte

»Mate wird in jedem Haus den ganzen Tag über getrunken, und die Höflichkeitsbezeigung des Landes will es, dass jedem Gast das Mategefäß gereicht wird, dasselbe Gefäß und denselben Trinkhalm für alle, und dass ein Diener zur Stellc ist, der darauf wartet, sofort nachzuschenken. Ganz gleich, an welcher Hütte der erschöpfte Reisende auch rasten mag, in allen Provinzen kann er sich sicher sein, dass man ihm das gastliche Mategefäß reichen wird, was er, sofern er nicht wahrlich große Vorurteile hegt, als großartige Erfrischung empfinden wird.«

Emeric Essex Vidal, 1820

Wenn Menschen zusammenkommen, um Mate zu trinken, vollzieht sich etwas Magisches. Es ist eine einfache, bescheidene, tägliche Sitte, die doch alle Züge einer Zeremonie hat. Wie jede Zeremonie hat auch diese ihre Riten, die sorgfältig auf immer gleiche Art und Weise eingehalten werden, Tag für Tag.

Es ist ein Moment der Muße mit Freunden und der Familie. Auf dem Lande sitzen die Gauchos zusammen um das Lagerfeuer und schlürfen nach einem langen Arbeitstag ihren Mate.

Müdigkeit erzeugt Stille, und still geht der Mate von Hand zu Hand. Und dann beginnt ganz langsam die Unterhaltung, die Menschen rücken näher zusammen und tauschen Vertrauliches aus.

Die Matezeremonie ähnelt dem nordamerikanischen Ritus des Kalumets, der Friedenspfeife. Auch da geht die Pfeife von Hand zu Hand, immer im Kreis herum, und signalisiert Gastfreundschaft und guten Willen.

Mate wird von fast jedem getrunken: vom Lastwagenfahrer und seinem Beifahrer in der Einsamkeit endloser Landstraßen (sie benutzen ein Gefäß mit weiter Öffnung, in das man auch auf holperigen Straßen leicht heißes Wasser gießen kann), von Studenten beim Lernen, von Arbeitern während der Mittagspause, zu Hause zum Frühstück oder zu jeder anderen Gelegenheit, bei Regen oder Sonne, im Sommer und im Winter.

Die Guaraní-Indianer, die im nördlichen Teil Argentiniens und im Süden Paraguays leben und die spanischen Eroberer lehrten, Mate zu trinken, nennen das Gefäß, aus dem Mate genossen wird, Caáiguá. Die Quechua-Indianer, die im heutigen Bolivien, in Peru und in Nordargentinien leben, nennen es Mati. Die Spanier übernahmen dieses Wort nicht nur für das Gefäß, sondern auch für das teeartige Getränk, das mit Yerba zubereitet wird, den Blättern eines immergrünen Baums jener Region, den die Indianer Caá nennen.

Es begab sich, dass ein müder und hungriger Fremder zum Haus eines alten Mannes kam, der mit seiner Tochter im Dschungel der Guaraní lebte. Obwohl der alte Mann sehr arm war, gab er dem Fremden Unterkunft und teilte mit ihm sein kärgliches Mahl. Der Fremde, hinter dem sich Tupá verbarg, der gute Gott der Guaraní, hinterließ ihm den Yerba-Mate-Baum als Geschenk. Bis heute bitten die Indianer Caá Yará, den Herrn der Yerba, dass ihnen die wunderbare Pflanze nie fehlen möge.

Yerba Mate *(Ilex Paraguayensis)* zählt zur Familie der Stechpalmengewächse. Es ist ein immergrüner Baum, der bis zu acht oder zehn Metern hoch wird. Sein grauer Stamm ist kurz und glatt und die blätterreiche Krone dunkelgrün.

Seine Blüten sind klein und weiß und blühen von September bis Dezember. Die Blätter haben gezackte Ränder, und es sind die jungen Blätter und Blütenstämme, die gesammelt werden und als Rohmaterial für die Produktion der Yerba genutzt werden. Im üppigen Dreiländereck von Argentinien, Paraguay und Südbrasilien wächst der Baum wild.

Er braucht fruchtbaren Boden und subtropisches Klima: Feuchtigkeit und die sengende Hitze der Sonne. Verschiedene Versuche wurden unternommen, Yerba in Asien oder Afrika anzubauen, aber ohne Erfolg. Das Geschenk des guten Tupá war nur für den Dschungel der Guaraní bestimmt.

Nach der Aussaat geht der Samen nicht auf, weil seine Schale sehr hart ist und sich im Boden nicht öffnet. Aimé Bonpland (1773–1858), der berühmte französische Arzt und Botaniker, der 1817 nach Buenos Aires kam, war besessen von diesem Problem. Wie konnte diese Pflanze wild wachsen? Die Jesuiten wussten, wie man Mate kultiviert, aber sie hatten das Geheimnis mitgenommen, als man sie aus dem Land vertrieb. Die Samen benötigen die sauren Magensäfte der Vögel, um aufzugehen. Nachdem die Vögel die Früchte des Yerba-Baumes gefressen haben, fallen die Samen ohne Schale vom Himmel.

Die Herstellung von Yerba

Der erste Schritt zur Herstellung von Yerba wird Sapecado genannt: Die Äste werden mit den Blättern getrocknet, indem man um sie herum ein Feuer anzündet. Dieses erste Rösten hemmt die Enzymbildung, die zur Fermentierung führt, und bewahrt die Blätter davor, zu oxidieren und ihre grüne Farbe zu verlieren. Anschließend werden die Blätter in einem Luftzug getrocknet.

Dann wird die Yerba grob zerkleinert (der Prozess wird als Cancheo bezeichnet) und in Säcke verpackt, in denen sie neun Monate ruht. Währenddessen verstärkt sich der Geschmack, die Yerba erhält ihr typisches Bouquet. Im Anschluss daran werden die trockenen Blätter gemahlen und mit anderen Yerba-Sorten versetzt, um die richtige Mischung zu erhalten.

Es gibt zwei Arten von Mischungen, die Caáguazú (grobe Yerba), in der die Yerba-Blätter mit kleinen Ästen gemahlen werden, oder die feinere Mischung namens Caá-mini, die ohne Äste hergestellt wird. Sie gilt als die qualitativ hochwertigere.

Zwischen Mai und Oktober, wenn die Yerba geerntet wird, herrscht auf den Plantagen Hochbetrieb. Mit einem langen Messer, der Machete, werden dann die Äste von den Bäumen geschlagen.

Die Geschichte des Mate

Die Indianer tranken den Tee aus Caá-Blättern aus einem Tongefäß. Sie filterten ihn mit den Zähnen und spuckten die Blätter aus, oder sie benutzten einen Strohhalm. Bei ihren langen Wanderungen durch den Dschungel kauten sie auch auf den Blättern, doch diese Gewohnheit ist heute verschwunden.

Die Ernte und der Transport der Yerba durch den Dschungel waren harte Arbeit, denn die Indianer mussten mit ihrer schweren Last sumpfige Gegenden durchqueren.

Die Spanier übernahmen Mate fast sofort und nannten die Blätter »Kraut aus Paraguay«, denn sie wussten nicht, dass es sich bei der Pflanze um einen Baum handelte. Ende des 16. Jahrhunderts kamen dann die ersten Jesuiten. Ihre Mission war es, die Indianer zu evangelisieren. Anfangs hielten sie das Matetrinken für gefährlich, und sie strengten 1610 einen Prozess bei der Heiligen Inquisition in Lima gegen diese indianische Gepflogenheit an. Später jedoch akzeptierten sie das Getränk und förderten sogar den Konsum, sahen sie ihn doch als Lösung des Problems der Trunksucht an. Die Indianer pflegten sich mit Chicha zu betrinken, einem hochalkoholischen Gebräu, das sie durch Fermentierung aus der Frucht des Johannisbrotbaumes gewannen.

Nachdem die Jesuiten 1645 die Erlaubnis erhalten hatten, mit Yerba Mate zu handeln, begannen sie in der Nähe der Missionen mit dem Anbau. Der Handel mit Yerba wurde zu ihrer wichtigsten Einnahmequelle, und sie konnten aus dem Erlös den Tribut an Seine Katholische Majestät entrichten.

Mitte des 18. Jahrhunderts wurde Mate in allen Gesellschaftsschichten getrunken. In Buenos Aires hatte bald jede Familie einen Diener, der nur für das Brauen von Mate zuständig war, oder sogar zwei, einen für gesüßten und einen für ungesüßten Mate, Cimarrón genannt.

Als Karl III. 1767 die Vertreibung der Jesuiten anordnete und diese das Land verlassen mussten, wurden auch die Missionssiedlungen nach und nach verlassen, und die Plantagen gingen verloren, sodass wieder wie früher wilde Yerba im Urwald geerntet werden musste. Zu Beginn des 20. Jahrhunderts wurden erneut erste Felder angelegt, genau dort, wo auch die Jesuiten ihre Plantagen hatten. Heute wird Yerba Mate auf 130 000 Hektar kultiviert. Mate wird in Bolivien, Chile und Peru und in großen Mengen in Argentinien, Brasilien, Paraguay und Uruguay konsumiert.

Mategefäß, Bombilla und Zubereitung und Nutzung von Mate

Normalerweise wird als Mategefäß ein Flaschenkürbis benutzt, von einer Kletterpflanze, die in der gleichen Gegend wächst wie Yerba Mate. Das Gefäß wird getrocknet und ausgehöhlt. Es kann verschiedene Formen haben; der Poro hat Birnenform, die Galleta, was Plätzchen bedeutet, ist flach und rund. Der Poro wird für gesüßten, die Galleta für den Cimarrón, den ungesüßten, bitteren Mate benutzt.

Damit sie ihren eigenen Mate erkennen konnten, ritzten die Indianer und später die Spanier ihren Namen in den Mate oder bemalten ihn. Sie bespannten ihn auch mit Leder, um ihn zu schützen, vor allem in Gegenden, in denen es nicht einfach war, an einen Mate zu kommen. Später wurde der Mate zum Luxusartikel, und die Silberschmiede fingen an, ihn mit allen möglichen Verzierungen zu versehen. Sogar das ganze Gefäß wurde aus Silber gefertigt, die ursprüngliche Form jedoch beibehalten. Weil Mates nicht immer stehen konnten, kreierten die Silberschmiede bildschöne Füße für sie.

Alte Mates sind selten und Sammler immer auf der Suche danach, vor allem nach den aus Silber gefertigten Exemplaren. Aber der echte Matetrinker zieht immer sein Kürbisgefäß vor, weil aus seiner Sicht ein gut behandelter Mate zum guten Geschmack des Getränks beiträgt.

Der getrocknete, ausgehöhlte Flaschenkürbis, der als Gefäß für das Aufgießen des Mates benutzt wird, muss vor der ersten Nutzung behandelt werden. Dafür wird der Flaschenkürbis oder Mate mit bereits verwendeter Yerba und mit einem Schuss heißem Wasser gefüllt. Dann lässt man die Yerba quellen. Nach vierundzwanzig Stunden werden die Blätter entfernt und die nun weichen Reste des Kürbisfleisches herausgekratzt. Der Prozess muss zweimal wiederholt werden, um den Mate vollständig zu säubern.

»In ihrer einfachsten Form ist die Bombilla ein Stück Schilfrohr oder ein dünnes Bambusrohr, um dessen unteres Ende ein paar Pferdehaare oder ein Stück Stoff gewickelt werden. In ihrer fortschrittlicheren und mechanisch perfekten Form besteht sie aus einer Röhre, die, von ein paar kleinen Löchern abgesehen, am unteren Ende geschlossen ist. Die jüngste Entwicklung ist ein Produkt der Silberschmiedekunst, das aus einer Röhre besteht, die unten eine mit einem kleinen Deckel geschlossene, löffelförmige Ausbeulung hat, welche zahlreiche Löcher aufweist«, so der genaue Bericht eines amerikanischen Reisenden, W.J. Holland, erschienen 1913 in seinem Buch *To the River Plate and back* (Zum Río de la Plata und zurück).

Die silbernen Bombillas sind kunstvoll mit stilisierten Pflanzen oder Vögeln verziert. Die lustigsten Bombillas sind die gebogenen. Man benutzt sie, um im Bett Mate zu trinken: der Gipfel von Glück und Befriedigung.

Mate zuzubereiten braucht Zeit und eine Atmosphäre des Friedens und der Ruhe; beides ist heute selten geworden. Obendrein braucht man einen zur Hälfte mit Yerba gefüllten Mate und eine Bombilla. Der Cebador – zu Deutsch der Fütterer, die Person, die den Mate zubereitet, also der Zeremonienmeister – wird dann den Mate mit seiner nassen Hand verschließen und ihn schütteln, sodass das Pulver, das in der Yerba ist, an seiner Hand kleben bleibt und nicht später die Bombilla verstopft.

Dann wird die Bombilla in den Mate gesteckt, und es wird Wasser aufgegossen, und zwar an der Bombilla entlang, sodass die Yerba oben nicht nass wird. Eine schwierige Aufgabe. Einige Cebadores gießen das Wasser auf, bevor sie die Bombilla hineinstecken. Sie lassen zuerst die Yerba quellen. Diejenigen, die die Bombilla vor dem Aufgießen hineinstecken, beginnen ihre Prozedur gewöhnlich zunächst mit einem kleinen Schuss kalten Wassers.

Das Wasser sollte immer heiß, aber niemals kochend sein. Kochendes Wasser »lähmt« den Mate. Ist der Mate zubereitet, sollte die Bombilla nicht mehr bewegt werden, da man sonst Gefahr läuft, die Bombilla zu verstopfen.

Der erste Mateaufguss wird der »Mate für den Dummen« genannt und vom Cebador getrunken. Dann wird wieder und wieder Wasser nachgegossen, und die Yerba wird von unten nach oben nass. Nach einer Weile, je nach Können des Cebador, verliert die Yerba ihren Geschmack, sie ist »gewaschen«. Das sieht man daran, dass der Schaum fehlt, der ein besonderes Merkmal des guten Mate ist. Wenn die Yerba gewaschen ist, wird der Mate geleert und die Prozedur beginnt von vorn.

Mate darf immer nur von einer Person zubereitet werden.

Wird einem ein Mate angeboten und man sagt »Danke«, wird der Cebador dies so verstehen, dass man nicht oder nicht mehr trinken möchte.

Mate kann auch wie Tee in einer Tasse getrunken werden. Er wird dann Mate cocido, gekochter Mate, genannt.

Gewöhnlich wird Mate ohne Zucker genossen und heißt dann Mate Cimarrón (ein Cimarrón ist ein entlaufenes, wild lebendes Herdentier). Manche, vor allem Frauen, trinken Mate mit Zucker. Sie geben jedem zweiten Aufguss einen Teelöffel Zucker bei. Mate kann aber auch mit kaltem Wasser (Tereré) oder mit Milch und Zucker (Mate misqui) aufgegossen werden. Er kann mit Minze, Zitrone oder Orange gewürzt werden, und es gibt Menschen, die ihm Zimt zufügen.

Mate ist ein anregendes Getränk. Er stimuliert nicht nur das Nervensystem und die Blutzirkulation, sondern regelt auch die Verdauung. Er versorgt uns mit Phosphor, der wichtig für die Zellen ist. Darüber hinaus wirkt er förderlich auf die Teile des Hirns, in denen das Gedächtnis sitzt, und er hilft, sich von geistiger Erschöpfung zu erholen.

Eine weniger häufige Anwendung von Yerba Mate erläutert Pater Sánchez Labrador in seinem berühmten Buch *Paraguay Natural.* Er sagt: »Wenn Yerba zum Fermentieren in Wasser gelegt wird oder wenn die Blätter in Wasser gekocht und danach ausgepresst werden, bekommt man eine sehr gute schwarze Tinte, wie sie zum Schreiben gebraucht wird.« Und er fügt noch hinzu, dass diese Tinte »auch als ausgezeichnetes Färbemittel benutzt werden kann«.

Alle Argentinier haben das Getränk übernommen – von den Indianern der Pampa bis zu den europäischen Einwanderern. Mate ist heute Argentiniens Nationalgetränk.

Fleischeslust auf Argentinisch: Der Asado

Gabriel Sagel

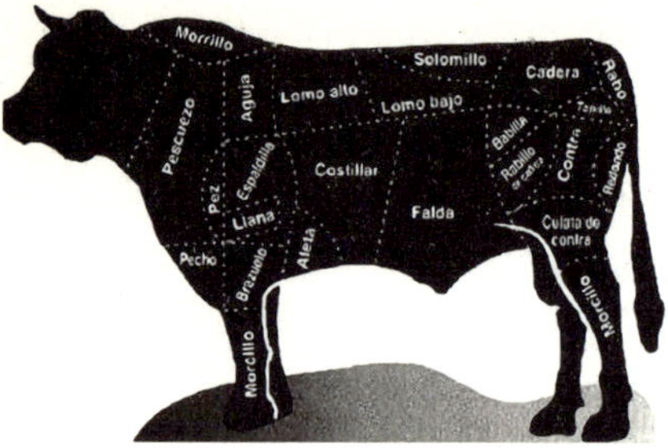

Der Indio und der Asado

Es ist anzunehmen, dass Europa den »braunen Fluss« und den kreolischen Asado fast gleichzeitig kennenlernte. Kaum hatte Juan Díaz de Solís 1516 den Río de la Plata entdeckt, fand bereits ein berühmter Asado von Eingeborenen und spanischen Expeditionsmitgliedern statt. Erstere nahmen als Esser teil, Letztere als Fleisch.

Als die Spanier Amerika überfielen, brachten sie Kulturgut mit, das mit den Gebräuchen der Ureinwohner kollidierte. Ein gutes Beispiel aus dem täglichen Leben: Die Indigenen aßen ihre Beute meist roh, die Spanier dagegen gut durchgebraten und vorher auch noch gekocht. Dank des »Kulturaustausches«, der über die Jahrhunderte stattfand, begannen die Indigenen – oder ihre mit europäischem Blut vermischte Nachkommenschaft, die Gauchos –, das Fleisch zu braten; und die Spanier reduzierten die Garzeit immer mehr, bis sie beim saftigen Steak anlangten.

Der Indio, wie auch der Gaucho, beschränkte sich auf das Fleisch und das Blut des Tieres und lehnte Innereien gänzlich ab. Tatsächlich heißt Abfall in der Sprache der Araukaner »Achuraj«, wovon der argentinische Ausdruck für Innereien, Achuras, abgeleitet wurde, und Achuras wirft heute niemand mehr weg.

Der Indio scheint das Garen mit Hitze auf dem Grill oder Rost nicht gekannt zu haben. Der einzige Braten der Ureinwohner war wohl das Straußenfilet, das zum Garen mit sehr heißen Steinen gefüllt wurde. Das Tier und die Methode lassen vermuten, dass es sich um eine präkolumbische Art des Garens handelt.

Auf der indigenen Speisekarte wimmelte es von Guanakos, Nabelschweinen, Gürteltieren, Nutrias, Pampashasen, Meerschweinchen und Rebhühnern. Wenn diese knapp wurden, opferte man ein Pferd des Stammes. Schwein wurde von den Indios abgelehnt, eine seltsame Übereinstimmung mit so vielen anderen, weit entfernt lebenden Völkern.

Die Ergänzung jedes indigenen Essens war nach der Eroberung der Wein, ein trauriger Zeitgenosse, der Verwüstungen in den Gemeinden der Ureinwohner anrichtete und natürlich auch unter den einsamen Spaniern.

Der Gaucho und der Asado

Für den Gaucho spielte der Asado eine fundamentale Rolle. Francis Bond Head, ein englischer Reisender des 19. Jahrhunderts, erzählt in seinem Werk *Las Pampas y los Andes* (Die Pampas und die Anden): »Der Gaucho, obwohl umgeben von Vieh, hat oft keine Milch; er lebt ohne Brot und hat keine anderen Lebensmittel als Fleisch und Wasser.«

Es heißt, dass die Rinder in der Kolonialzeit, bis zum Siegeszug des Maschendrahts, meist wild lebten. Die Tiere stammten von spanischen Kühen und Stieren ab, die zufällig von einer kriegerischen Horde von wilden Querandí aus der Gefangenschaft entlassen worden waren, als die Querandí 1541 die erste Stadt Buenos Aires auslöschten, die Pedro de Mendoza 1536 gegründet hatte.

Es würde sich lohnen, die genetische Verwandtschaft von Kühen und Kaninchen zu untersuchen, denn im 17. Jahrhundert hatten sich die Kühe bereits derart vermehrt, dass Holländer und Engländer ganze Schiffe voller Rinderhäute aus den Pampas wegschafften. Azcárate de Biscay, ein Spanier, der 1617 in Buenos Aires zu Besuch war, hatte an einem einzigen Tag zweiundzwanzig Schiffe gezählt, jedes beladen mit dreizehn- bis vierzehntausend Häuten.

Schon 1618 wurden in der damaligen Siedlung Buenos Aires acht bis zehn Kühe am Tag für den Verzehr geschlachtet. Bis zu Beginn des 20. Jahrhunderts Kühlhäuser errichtet wurden, waren Pökelhäuser die wichtigste Industrie der Region. Ihre Hauptprodukte waren Häute und gepökelte Zunge für den europäischen Konsum und Charqui, Pökelfleisch, für die Ernährung der Sklaven. Die Einführung von Fässern mit Metallringen aus Spanien ermöglichte es, allein 1794 600 000 Tiere für den Export zu schlachten. Das Fleisch stammte aus unseren Pampas, das Salz wurde in Salinas Grandes in der Provinz Buenos Aires gewonnen oder kam von der patagonischen Küste. Die Pökelindustrie und der Handel mit deren Produkten ließen eine Klasse von reichen Großgrundbesitzern entstehen, die bis über die Mitte des 20. Jahrhunderts hinaus über enormen politischen Einfluss verfügte.

Der Gaucho verfolgte die Tiere, streckte sie mit seinen Bolas nieder und häutete sie. Die Häute tauschte er gegen ein bisschen Yerba, Tabak und holländischen Gin – hier hat die enorme Beliebtheit dieses Getränks in unserem Land ihren Ursprung. Dieses Massaker an der Umwelt trug den Europäern, die paradoxerweise heute die grünen Bewegungen anführen, hübsche Gewinne ein.

In jener Zeit hatte der Gaucho freien Zugriff auf so viel Fleisch, wie er wollte, weil abgesehen von den Häuten und den Zungen, die exportiert wurden, das Tier nichts wert war. Eine

Rinderzunge kostete damals dasselbe wie ein ganzes Kalb. So erlaubte der Gutsbesitzer den Gauchos, seine Tiere unter der Bedingung zu schlachten, dass deren Haut intakt blieb.

Es gab so viele Rinder, dass die Gauchos, die ansonsten sehr arm waren, sich den Luxus erlaubten, nur die Teile des Tiers auszuwählen, die ihnen am besten schmeckten. Wie der Spanier Concolocorvo 1773 in seinem Buch *El Lazarillo de ciegos caminantes desde Buenos Aires hasta Lima* (Der Führer blinder Wanderer von Buenos Aires bis Lima) berichtete, bevorzugte der Gaucho das Filet, das er gleich nach dem Erlegen herausschnitt, wenn das Tier fast noch lebte. Sehr beliebt waren auch Markknochen oder genauer: das Knochenmark der Beine.

Manchmal brieten die Gauchos die Fleischstücke, ohne sie vorher zu häuten. So entstand unserer Volkskunde zufolge der berühmte Asado mit Haut, der später zu einem Statussymbol für den reichen Viehzüchter wurde, der nicht zögerte, wenn er seinen Gästen seinen Wohlstand demonstrieren wollte, ein ganzes, ungehäutetes Tier zu braten.

Concolocorvo erzählt, auf welch seltsame Art die Gauchos den Asado vorbereiteten: »… sie töten die Kuh, nehmen die Eingeweide und allen Talg heraus, den sie dann in den Bauch stopfen und mit einem Stück Glut oder mit trockenem Kuhdung anzünden. Nachdem der Talg zu brennen angefangen hat und mit dem fetten Fleisch und den Knochen in Kontakt gekommen ist, macht er ein außergewöhnliches Licht. Dann verschließen sie den Bauch der Kuh wieder und lassen das Feuer durch das Maul und andere Körperöffnungen atmen. So brennt es die ganze Nacht und einen Teil des Tages über, damit die Kuh gut durchbrät. Und am Morgen oder am Nachmittag schreiten die Gauchos um sie herum und schneiden sich mit ihren Messern das Stück heraus, das sie haben wollen, ohne Brot und ohne jede weitere Zubereitung. Wenn sie ihren Appetit gestillt haben, lassen sie den Rest einfach liegen.«

Der Gaucho briet das Fleisch gleich nach dem Schlachten, wenn es noch warm war, über der Glut direkt auf dem Erdboden, ganz ohne Rost. Oder man steckte es auf einen Stock, den man über die beiden Seiten eines Erdlochs voll glühender Holzkohle legte: ein Mittelding zwischen Spieß und Grill. Sei es aufgrund seines indigenen Blutes, sei es aufgrund seiner Ungeduld – der Gaucho wählte für seinen Asado eine sehr kurze Garzeit, die Fleischstücke wurden, zum Ekel der Europäer, nicht einmal halb gar, sondern fast roh gegessen. Trotzdem gibt es Leute, die dem Gaucho die höchste Autorität zubilligen, wenn es darum geht, Fleisch zuzubereiten.

Der Asado nach Gaucho-Art ließ Gebräuche entstehen, die die Persönlichkeit dieses ersten argentinischen Arbeiters prägten, der fast ein Nomade war. Sein Gemeinschaftssinn und die Anziehungskraft des Feuers ließen auch die ersten Show-Dinner der Pampas entstehen: ziemlich traurige Gauchogesänge und Gitarrengeklimper, »zum Rhythmus der Leier«, wie der Dichter José Hernández 1872 in seinem Epos *Der Gaucho Martín Fierro* schrieb. Diese Zusammenkünfte wurden immer mit großen Mengen Gin angereichert, und sie endeten erst, wenn die letzte Glut erstarb.

Der Gaucho besaß lediglich ein Küchenutensil: ein feststehendes Messer, eine Art kurzen Dolch, das er auf dem Rücken in seinem Gürtel trug.

Das Messer stellt bis heute fast das einzige Werkzeug des Gauchos dar, das er für vier Dinge benutzte: für das Essen, das Schlachten, das Schneiden des Brotes und für seine Verteidigung. Heute können wir sowohl in Souvenirläden als auch in exklusiven Messerhandlungen beachtliche Exemplare von Gauchomessern finden. Doch es ist wahrscheinlich, dass die mit Silbergriffen eher einem Gutsbesitzer als dessen Gauchos gehörten.

Auch der moderne Gaucho ist dem Asado treu geblieben.

Wenn er arbeitet, isst er ihn gewöhnlich zum Frühstück, zum Mittag und zum Abendessen.

Der Bauarbeiter und der Asado

Die Arbeiter der Viehfarmen waren Analphabeten, und ihre Existenz wurde von Domingo Faustino Sarmiento, dessen Kommentare über das kreolische Blut den Großmeister des Ku-Klux-Klan hätten erröten lassen, und der übrigen proeuropäischen kulturellen Elite in der Mitte des 19. Jahrhunderts beklagt. Auf den Gaucho folgte der städtische Arbeiter, meist halber Italiener, der zum Maurer oder Bauarbeiter aufstieg. Die Bauarbeiter sind bis in unser Jahrhundert die treuesten Verehrer des Asado.

Sarmiento wäre mit den Kreolen viel gnädiger umgegangen, hätte er anstatt seiner Kindheitserinnerungen die meinen gehabt. Wenn ich von der Schule nach Hause ging, stieg mir an jeder Baustelle meines Viertels der Duft von gegrilltem Fleisch in die Nase. Mehr als einmal luden mich die Bauarbeiter ein, ein Brötchen mit Chorizo vom Grill oder ein Stück dicke Rippe mit ihnen zu teilen und mit ihnen billigen Wein mit Cola zu trinken.

Denn jenseits der unfreiwilligen Brüche, die zum Beispiel die Achtzigerjahre mit sich brachten, als aufgrund der wirtschaftlichen Katastrophe der Speiseplan des Arbeiters auf Nudeln, Brot, billigen Aufschnitt und schrecklichen Wein aus Pappschachteln reduziert wurde, wusste der Maurer auf der Baustelle immer Plätze im Freien ebenso zu nutzen wie überschüssiges Holz und Gitter aus Eisen oder Draht, die man auf Ziegelsteine legt, um ausgezeichnete Asados zuzubereiten. Diese Asados zeichnen sich seit jeher durch eine Qualität aus, zu der nur Leute fähig sind, die tägliche Übung haben. Und diese Asados werden zudem auf klassische Art serviert, will heißen, ohne jede Beilage.

Der Asado hatte und hat starken Einfluss auf die Machtverteilung unter den Arbeitern auf der Baustelle. Wie wir wissen, gibt es auf jeder Baustelle einen Vorarbeiter, dem man fast militärischen Gehorsam leistet. Trotzdem genießt der Asador heimliche Autorität, denn er hat die Unterstützung der Basis. Die achtet ihn für seine kulinarischen Fähigkeiten und seinen Gerechtigkeitssinn beim Verteilen des Fleisches. Der Vorarbeiter wird sich also immer um gute Beziehungen zum Asador bemühen, denn er weiß, dass es von diesem abhängt, ob die Truppe gut genährt und glücklich ist.

Der Sonntags-Asador

Über Jahre wurde der Familien-Asado am Samstag zur Mittagszeit zelebriert. Die Leidenschaft für dieses Essen führte sogar dazu, dass viele Leute das Ausgehen am Samstagabend durch ein Stück Fleisch vom Holzkohlengrill mit Freunden ersetzten.

Wie die Barbaren in Rom drang dann auch der Asado in den Sonntag ein: langsam, ohne dass jemand bemerkte, dass die ach so wichtigen Ravioli allmählich ersetzt wurden. So wurde der Sonntags-Asador geboren.

Die Asado-Passion des sonntäglichen Argentiniers spiegelt sich sogar in der Architektur wider. Es gibt kaum ein Haus, in dem eine Parrilla fehlte, als Krönung des Gartens, der Terrasse oder des Innenhofes. Der Asado hat die Essgewohnheiten des modernen argentinischen Bürgers mehr geprägt als seine ethnische Herkunft. Die Pérez wie die Miglionis, die von Krautens, MacNamaras, Jerusalemovichs und Pourcells sind, sofern gebürtige Argentinier, Anhänger dieser gastronomischen Zusammenkünfte, bei denen die Leute entweder einer Meinung sind oder, ist dies nicht der Fall, sich gegenseitig anschreien. Ein ums andere Mal werden dabei die gleichen Geschichten wiederholt, wozu der Wein, der in Strömen fließt, das Seine beiträgt. Alle Meinungsverschiedenheiten sind jedoch vergessen, wenn es darum geht, hier eine Wurst oder da ein Stück Fleisch zu loben.

Definieren wir also als Sonntags-Asador den Städter, der bei sich zu Hause oder in seinem Wochenendhaus Asados macht und der, unabhängig vom Wochentag, an dem er dies tut, folgende Voraussetzungen erfüllt:

Er grillt nie nur für seine Familie, sondern teilt seine Leidenschaft mit einer großen Gruppe von Freunden und Verwandten, die jederzeit willkommen sind.

Er lässt niemals zu, dass ihm jemand ins Handwerk pfuscht, aber für die Vorbereitung der Veranstaltung, etwa für den Einkauf oder für die Salate, mobilisiert er die ganze Familie.

Über Kleinigkeiten sieht er hinweg, etwa, wenn die Freunde erst kommen, wenn alles bereits gar ist, und wieder gehen, wenn es ums Spülen geht. Immerhin sind sie Gäste, und er wird schon für Rache sorgen, wenn er bei ihnen eingeladen ist. Die schlechte Laune bleibt seiner Frau vorbehalten. Ihre Klagen sind jedoch völlig unnütz.

Im Unterschied zu seinem erdverbundenen Vetter, dem Gaucho, rundet der Sonntags-Asador seinen Asado mit einem Wermut und einer Picada, Salaten aller Art sowie mit Eis und Früchten als Nachtisch ab.

Der Sonntags-Asador (er ist immer männlichen Geschlechts) fühlt von dem Moment an, da das Feuer zu brennen beginnt, bis zum Verlöschen der letzten Glut ein wenig Bauernblut durch seine Adern fließen. Die Verbundenheit mit der Erde kommt hoch, und für einen Augenblick identifiziert sich der Asador mit den Figuren von Ricardo Güiraldes und José

Hernández. Er wird dabei zu einem Medium für den kreolischen Geist, der unserem gesegneten Lande verdammt noch mal innewohnt!

Was die Werkzeuge für den Asado angeht, zählt er zur Avantgarde: Schürzen mit fremdsprachigen Aufdrucken, Stereo-Radiorekorder, deren Krach immer den Prozess des Garens begleiten und die Nachbarn warnen, die die dicke Rauchsäule noch nicht wahrgenommen haben, welche von der Parrilla aufsteigt und das Ergebnis von literweise Diesel, Trotyl-Zündern und alten Stühlen ist.

Der Sonntags-Asador verfügt immer über die Dienste einer Gefährtin, die die Gäste unterhält und sich um alles Übrige kümmert (mit einem Mädchen für alles hat der Asador rein gar nichts gemein). Niemand versteht es als Unhöflichkeit, dass sich der Asador von den sozialen Verpflichtungen frei macht und sich nur auf die Parrilla konzentriert. Etwas später wird man der Hingabe Anerkennung zollen – der des Asadors natürlich: mit einem herzlichen Applaus, gewöhnlich angestimmt von der Person, die dem Wein am meisten zugetan ist.

In einem Wort: Der Sonntags-Asador ist ein höchst fanatischer und pedantischer Anhänger der Freuden des Fleisches.

Ob Sie nun Gaucho oder Sonntags-Asador, Profi oder Amateur sind – etwas darf Ihnen unter keinen Umständen und auf keinen Fall fehlen: das Glas Wein.

Dieser treue Begleiter – und ich rede nicht von Ihrem Hund – macht das Fleisch zart (das eigene), das Lächeln strahlend, entspannt die Nerven und hebt die Laune. Und das überträgt sich auf den Asado, der, und das ist statistisch erwiesen, ungemein besser gelingt, wenn ein gutes Glas Wein im Spiel ist.

Der Asador sollte seinen Wein in kleinen Schlucken trinken, um das Warten zu versüßen, zu dem uns das Fleisch zwingt. Die Weinflasche sollte in Reichweite stehen und eine zweite griffbereit, bereits geöffnet, damit der Wein lüftet und sein Bouquet entfaltet.

Zu den Rechten des Asadors zählt es, einigen ausgewählten Freunden zu erlauben, sich dem Feuer zu nähern, mit ihm zu plaudern und ein wenig von der geheiligten Traube zu teilen, während das Fleisch bräunt. Es bleibt den Gästen überlassen, abzuschätzen, wann sie sprechen, wann sie trinken und wann sie schweigen, um das Familienoberhaupt nicht bei seiner Arbeit zu stören.

Zu guter Letzt sei daran erinnert, dass es dem Asador obliegt, einen Trinkspruch auszubringen, wenn er es für nötig erachtet. Die Sitten und Gebräuche schreiben vor, dass kurz bevor man in das erste Stück Wurst beißt, erst einmal angestoßen wird.

Die indianischen Vorfahren, aufgerieben und vergessen

Leopoldo Brizuela

Noch ist das Papier weiß. Aber nach und nach sehe ich im roten Halbschatten der Dunkelkammer unter dem Entwickler, den ich in der Wanne kreisen lasse wie ein Goldsucher sein Sieb, dass das Bild erscheint, welches das Archiv angekündigt hat: das Lager des Kaziken Manuel Namuncurá kurz nach seiner Kapitulation, etwa 1886.

Die Zeltlager. Die tischebene Wüste, ohne Charakter, ohne Überraschungen. Der Wind in den langen Wolken, im verwehten Rauch eines Lagerfeuers und in der argentinischen Flagge, als einziges Zeichen dafür, dass die Stadt aus Leder und Rohr, wie sie die Araukaner errichten, seit Jahrhunderten, jeden Tag ein Stück weiter weg, sich in ein wanderndes Gefängnis verwandelt hat. Fast keine Menschenseele. Nur der Schatten des Fotografen, lang gezogen durch das aufziehende Licht des Morgengrauens, in das sich ein Schatten drängt, der meiner sein könnte, wäre da nicht der Tropenhelm des Forschers; und dann plötzlich, vor einem der Zelte sitzend, eine Frau.

Sie gehört zu Namuncurás Familie: Das verraten – mehr als alles andere – die breite Brust, die hohe Stirn, als wenn sie noch das Brustkreuz und die Tiara aus Silber tragen müsste, die ein Verwaltungsbeamter beschlagnahmt hat, wie es üblich war, kurz nachdem diese letzten Krieger die Waffen niedergelegt hatten.

Vor einem Jahrhundert war die Zeit, die eine Fotografie erforderte, länger als jede Geduld. Die Schärfe, mit der sich die Züge dieser Indianerin entwickeln, wie in einen Fels der Anden gemeißelt, kann nur einer langen Reglosigkeit geschuldet sein. Aber nichts deutet darauf hin, dass sie für den Fotografen posiert.

Ihren Augen, die nur durch das glänzen, was sie widerspiegeln, fehlt der Blick. Die Nasenflügel, die auf den Knien zusammengekrampften Hände deuten auf die gleiche erschöpfende Aufmerksamkeit hin, mit der, kurz vor einer Katastrophe, die Landschaft wartet. Die so verstrichene Zeit ist die Ewigkeit selbst, denn es ist die Ewigkeit, die man sucht.

Aber die Araukaner der Pampas, die ihre Feinde mit Blicken zu töten pflegten, beugten sich entschlossen dieser Kreuzung eines Monsters mit fünf Beinen und langem Rüssel entgegen, die in jener Zeit eine Kamera war, Überbringer eines Todes, dem kein Leben folgt; und wenn sie, wie zum Tode Verurteilte, die ins Gefängnis kommen, vor den Fotografen standen und reglos auf den Knall des Magnesiums warteten, schlugen sie verstohlen den Blick nieder, weil im Blick die Seele ist, womit sie sich bei den Städtern fälschlich den Ruf erwarben, ängstlich oder feige zu sein.

Die Offenheit des Gesichts dieser Indianerin, direkt demjenigen ausgesetzt, der sie betrachtet, kann nur einem Grund geschuldet sein: Sie ist blind und sieht, was sie hört. Wer nicht hört, kann nicht sehen, besagt ein araukanisches Lied. Und ich, der ich den Weg zurückgehe, schaue das Foto so lange an, bis ich es schaffe zu hören, was sie hört.

Schärfer als das Heulen des Windes, eindringlicher als das Schlagen der Zeltplanen, störender als die Klagen und das Getuschel des Stammes und das Herumschnüffeln irgendeines

Hundes zwischen den Tellern und Töpfen aus Messing höre ich den Gesang einer weiteren Frau. Diese Frau, die nicht auf dem Foto erscheint, singt mit einer mechanischen Stimme, durch übermäßiges Strapazieren schrecklich kratzig wie die Stimme von Verrückten, die Monologe halten, um der Einsamkeit zu entfliehen. Aber es ist kein araukanisches Lied, sondern ein Wiegenlied, dessen Text ich mithilfe meines eigenen Gedächtnisses entschlüssele: Ich selbst habe es von meiner Mutter gelernt, die es von ihrer Großmutter gelernt hat. Wenn in der Stadt eine Frau singt, ruft sie damit ihre weiblichen Ahnen an, die niemand kennt. Frau Santa Ana, warum weint das Kind? Wegen eines Apfels, den es verloren hat. Singt sie in der Wüste, lässt sie sich von der Seele derer, die um sie herum sind, durchdringen. Die Einsamkeit der Wüste, die Angst der Indianer vor den Weißen, ihre Angst vor den Indianern und ein Hass, ein fast verrückter Hass der Indianer auf die Weißen, all das schwingt in ihrer Stimme mit. Nur nicht der Junge, den sie sicherlich in ihren Armen wiegt. Das Schweigen dieses Kindes, das den Unbilden ausgesetzt ist, erinnert mich an mein eigenes Verlassensein als Kind, dessen Mutter in der Stadt stirbt. Jetzt merke ich, dass ich das Foto in eine andere Wanne legen muss; ich nehme das Papier mit der Pinzette und tauche es in die Flüssigkeit, die die Entwicklung aufhält. Ich taste mich im Dunkeln durch den Raum, finde ein wackeliges Stühlchen, falle resigniert in einen Abgrund und warte.

Die Folge eines langen Arbeitstages, den ich der Entwicklung von Negativen gewidmet habe – und ich bin nun schon zehn Tage dabei, fern vom Sonnenrad und vom Mond, der um mein Haus kreist, denn sie haben mir nur einen Monat gegeben, um das verstaubte Archiv des Museums von La Plata ans Licht zu bringen –, das ähnelt dem Fluch, der, so die Araukaner, darauf liegt, in eine Eklipse zu schauen. Sie schiebt sich zwischen dich und alles, was du siehst, und dir wird sich das

Bild der Sonne und des Mondes während ihres verbotenen Geschlechtsaktes einbrennen, und das wird dein ganzes Leben verändern. Jetzt, in der Nacht meiner geschlossenen Augen, sehe ich immer noch das Foto. Nur dass die anhaltende Bewegung der Flüssigkeiten, mit denen ich arbeite, und die Stimmen, die ich hören konnte, diesem Bild auch Leben verleihen. Ich sehe wieder die stille Indianerin, wie sie vor dem Zelt sitzt, ich höre wie sie den Gesang der gefangenen Weißen, aber sobald eilig sich nähernde Schritte zu vernehmen sind, dreht sie heftig den Kopf, und als ob sie sich erst jetzt daran erinnerte, dass sie nicht sehen kann, steht sie mit einer fast schmerzhaften Anstrengung und sich auf einen Stock stützend auf und wartet. »Bist du es?«, schreit sie plötzlich inmitten einer Stille, die sonst niemand zu durchbrechen wagen würde, und in einer Sprache, an die ich mich niemals erinnert habe und von der ich jetzt weiß, dass ich sie gelernt habe. »Namuncurá?« Es erscheint daraufhin ein junger Indianer mit nacktem Oberkörper, Stiefeln aus Fohlenfell und den Pumphosen, die zu tragen ihn sicherlich die Armee der Nation gezwungen hat: Er hat das Aussehen eines Wachpostens, aber auch die schmerzliche Notwendigkeit des besiegten Soldaten, der nur Wache hält, um zu verhindern, dass die Feinde die Kontrolle übernehmen. Seine Autorität ist das Ergebnis eines Vertrages. Die Autorität der Indianerin dagegen ist die Folge uralten Wissens, der Fähigkeit, im anderen den Untergebenen zu erkennen, allein durch das Geräusch seiner Schritte.

»Junge!«, sagt sie, zitternd vor Wut, und zeigt mit ihrem Stock auf ein Zelt, aus dem die Stimme der Gefangenen kommt. »Hörst du sie nicht? So saß sie die ganze Nacht, summend über ihrer Brut, ohne Pause!« Der Junge antwortet ihr nicht, er scheint überfordert, durch ihre Schreie in Schrecken versetzt, und er macht einige Schritte zurück, als ob er zu fliehen versuche. »Junge!«, tadelt sie ihn. »Wirst du auch nichts unternehmen?« Schließlich brummelt der Junge: »Nein, Señora«, wie einer, der sagt: Es ist das Gesetz.

Unter den Araukanern der Pampas, so sagt das Archiv, schreibt das Gesetz vor, dass die Mutter während der ersten Lebensmonate des Kindes vom Rest des Stammes isoliert werden soll, in einem kleinen, geschlossenen Zelt, und sie profitiert davon, dass man so tut, als gäbe es sie nicht (mit Ausnahme der Heilerin, die ihr das Essen bringt). Während dieser Zeit und noch lange danach spricht die Mutter mit dem Kind in einer anderen Sprache, und der Rest des Stammes gibt vor, diese vergessen zu haben, und oft vergisst er sie dadurch auch. Diese Sprache kommt für die nomadischen Indianer der Vorstellung der Sesshaften von Heimat am nächsten. Dass die weiße Gefangene jetzt für ihr Kind singt und dass sie dies in einer anderen als der üblichen Sprache tut, verletzt nicht im Mindesten das Gesetz, und niemand würde sich trauen zu sagen, dass er sie hört. Von welchem Gesetz also ist die Rede?

»Das Gesetz?«, erwidert die Indianerin empört und denkt: »Aber es steht ihr Gesetz gegen meines.« Und schreit: »Aber ich lebe seit je hier!«

Jemand, vielleicht ein Soldat, der die Grenzen des Zeltlagers bewacht, lässt eine Trillerpfeife ertönen, als Warnung, dass der Lärm aufhören muss, und der Junge, von Angst erfasst, nähert sich der Indianerin und versucht, sie mit einem Schubs zum Sitzen zu bewegen. »Egal, seien Sie still«, schreit er sie an, den Ton der Sieger nachahmend; und auch wenn es ihm nicht gelingt, sie hinzusetzen, schickt er sich zum Gehen an und fügt hinzu: »Oder möchten Sie, dass man Sie erneut bestraft?« Die Indianerin, wütend, hebt drohend ihren Stock (»Mich, mein Söhnchen, hat niemand bestraft.«), bis sie schließlich begreift, dass der Junge schon zu weit entfernt ist; und wie, um ihre Wut darüber, dass sie blind ist, zu kanalisieren – denn sie ist erst seit Kurzem blind, das weiß ich, und alles, was sie nicht sieht, verletzt sie wie eine Beschimpfung –, fängt sie an, vor ihrem Zelt auf und ab zu gehen, auf zwei Beinen, die nach außen gebogen sind, wie zwei Eisenbänder einer Tonne. Die Stimme der Gefangenen wird höher, fast fröhlich, zynisch, und die Indianerin hält wütend die Hände über die Ohren und versucht, sich von der Qual zu befreien. Erheb dich, Juana, zünd die Kerze an und geh nachschauen, wer am Kopfende deines Bettes vorbeigeht. Der Schmerz des Kindes, das wehrlos in den Armen zuhört, erinnert mich viel mehr noch als die Qual der Indianerin an meine eigene Angst als Kind, dessen Mutter in der Stadt stirbt, und ich fühle, dass ich das nicht ertrage. Ich öffne die Augen für die Dunkelheit des Fotolabors, sehe die Uhr, die im Dämmerlicht schwach phosphoresziert, ein winziges Zifferblatt und fast leer in der zeitlosen Unermesslichkeit des Imaginären. Es fehlen noch fünf Minuten, bis die Entwicklung abgeschlossen ist. Wieder nehme ich das Papier mit einer Pinzette, tauche es in die letzte Wanne, so wie meine Mutter in der Stadt die letzten Kleider in das kalte Wasser des Waschzubers taucht. Die Erinnerung an ihre arthritischen Hände, geschunden vom kalten Wasser des Augusts, gibt mich dem Bild der aufgeregten Blinden zurück. Ich spüre, dass zumindest das Leiden einer bereits verstorbenen Frau, eingeschlossen in den Rahmen einer Fotografie, etwas ist, was ich werde verstehen können. Und tatsächlich, ihre beklommenen Bewegungen, ihr krummbeiniger Gang in Erwartung eines anderen Trupps, der kommen möge und bestrafen, was der Wachmann nicht unterbinden konnte, bilden die Worte, die fortfahren, mir die Geschichte zu erzählen.

Unter den Araukanern der Pampas – erzählt das Bild – gibt es nur zwei mögliche Gründe für diese Deformation der Beine, die sie zwei Klammern ähnlich macht, und diese können gegensätzlicher nicht sein. Bei den Männern ist sie das Zeichen für viele Jahre zu Pferd, für die Furcht einflößende Symbiose, die sie in der Schlacht mächtig und amphibisch macht wie Zentauren oder einen Fotoapparat. Bei den Frauen dagegen ist sie das Ergebnis der Operation, die man weiblichen Gefangenen Minuten nach ihrer Entführung zufügt: Um zu verhindern, dass sie fliehen, schält ihnen der Mann, der sie auserwählt hat, sorgfältig die Fußsohlen ab, und sie versinken entweder endgültig in Melancholie oder zwingen sich, auf diese unverwechselbare Art zu gehen, als ob sie gleichzeitig sehr tollpatschig wären oder kurz davor, von der Erde abzuheben. Die Blinde, sage ich mir, muss auch eine Gefangene sein und zweifellos die Frau von Namuncurá, denn nur diese Verbindung lässt eine Gefangene in der Familie des Kaziken zu. Eine langjährige Ehefrau zudem, da sie trotz ihrer Behinderung so viel Geschicklichkeit erwerben konnte. Aber was für ein Gesetz von früher ist das, auf das sie sich beruft? Ein Privileg der ersten Ehefrau, vergleichbar dem Gesetz des Dienstalters, das unter den weißen Militärs gilt? Das Gesetz des anderen Indianervolkes, zu dem sie gehörte und das sicherlich von Namuncurá besiegt worden ist? Endlich hört man die energischen Schritte eines Trupps, die leisen und eindringlichen Stimmen, mit denen sich nachts die Führer nähern, um die letzten Meutereien zu beenden. Die Indianerin baut sich vor dem Zelt auf, unnatürlich steif wie die Truppe, die von einem Vorgesetzten abgeschritten wird, und als ob sie Kräfte dafür sammelte, ihre Rolle zu erfüllen. Und rundherum, in den Ritzen des groben Zeltleders, erscheinen die furchtsamen Köpfe von einem Dutzend Frauen, alte, junge, einige fast noch Mädchen. Keine hat die Kühnheit der Blinden, und trotzdem, aus irgendeinem Grund, wie sich jedes Schweigen durch die Geräusche definiert, die es umgibt, wird mir klar, dass diese Frau sie vertritt. Jetzt weiß ich, dass es sich um das Zelt der Ehefrauen handelt und dass derjenige, der sich nähert, der Kazike Namuncurá selbst ist.

Plötzlich singt die weiße Gefangene noch lauter, wie um

mit den Indianerinnen um die Aufmerksamkeit ihres Herrn zu buhlen. Maria wusch, der heilige Josef hing die Wäsche auf, und das Kind weinte vor Kälte, und die Gesichter der Frauen verkrampften sich zur gleichen rebellischen Grimasse. In den Geschichten, die die Weißen erzählen und mit denen sie unsere Erinnerung prägen, ist viel von der Verachtung die Rede, die die weißen Gefangenen bei den indianischen Ehefrauen hervorriefen, die bald aus dem Frauenzelt ein Folterzentrum machten. Die Erklärung dafür ist immer die Eifersucht. Wenn der Autor der Erzählung zu den Romantikern zählt, ist nur die Liebe die Wurzel der Eifersucht und liegt in der »natürlich überlegenen« Schönheit der weißen Haut begründet. Wenn der Autor dagegen Naturalist ist, wird er sagen, dass die Indianerinnen auf ihre Erziehung eifersüchtig sind, auf ihre extreme Zartheit, die praktisch die einzige Gabe war, die die Zivilisation den Frauen vorbehielt. Aber diese Frauen, die ich jetzt sehe, mit Körpern, die die Arbeit geformt hat, Mütter, Weberinnen, Zauberinnen, und außerdem fähig, Krieg zu führen und zu töten, wie ihre Söhne und Ehemänner – um was könnten sie die Frau des Feindes beneiden? Um welche weiße Schönheit, die wie der Mond nur als Reflex leuchtet? Um welche Bildung, die sie von der Gnade der Herren leben lässt? 1874 wollte ein von Namuncurá belagerter Besitzer einer Farm sich vor dem Massaker retten, indem er seine Tochter auslieferte; 1881 verschenkte Namuncurá selbst zwei seiner ersten weißen Ehefrauen, um gegenüber General Lavalle guten Willen zu beweisen; die weißen Frauen, werden die Indianerinnen denken, sind Geldscheine. Und was stört sie dann an dieser Frau, die singt? Und wer wird den Sohn dieser Frau lieben können? Die beiden Begleiter Namuncurás drängen sich gewaltsam in den Rahmen des Fotos und beziehen drohend rechts und links der Indianerin Position; sie reckt den Kopf noch mehr, als wenn sie sich bereit machte, mit Würde und Herausforderung die sichere Strafe zu empfangen. Und dann nähern sich zwei männliche Stimmen, die ein Spanisch sprechen, das ich noch nicht verstehen kann.

»Señor!«, schreit die Blinde, der Ankunft des Kaziken zuvorkommend, mit der gleichen Entschlossenheit, mit der sie zu dem Jungen sprach, nur feierlich und gemessen. Und entsetzt, als hätten sie einen Donner gehört, verschwinden die Frauen ins Innere des Zeltes. Sie würden es nicht aushalten, nicht einmal für eine Schwester, sich der berüchtigten Macht des Namuncurá entgegenzustellen.

Das ist es, was ich von ihm weiß: Fünfzehn Jahre später, als sein letzter Sohn vom Salesianer-Orden in den Vatikan gebracht wird, als unanfechtbarer Beweis für dessen Evangelisationsarbeit, wird jemand den Sohn vor dem Papst so vorstellen: Er ist der heilige Sohn des Namuncurá, König der Wüste, die so groß ist wie Italien und Frankreich zusammen, und Albdruck aller Christen, deshalb wollten sie sein Land kolonisieren. Dennoch, wenn ich jetzt Namuncurá in das Foto treten sehe, ist er nicht mehr als ein winziger Alter, mühevoll eingezwängt in die Uniform eines Obersten des argentinischen Heeres, welches dies (neben einer hohen Entschädigung und der Möglichkeit, sich ein Stück Land auszusuchen, auf dem die wenigen Überlebenden seines Stammes künftig leben sollten) als Bedingung für die Annahme seiner Kapitulation verlangt hat. Der Stolz seines breiten Gesichts, das so viele Militärberichte mit dem Teufel vergleichen, dieser Blick eines Tigers, der ihm sogar das Entsetzen der feindlichen Soldateska eingetragen hat, ist jetzt einem von Schmerz umrankten Blick gewichen – überwältigt durch den Schmerz – und heftigen, aber unentschlossenen Bewegungen, wie die eines gerade gefangenen Tieres, stockend wie das Spanisch, das er spricht und ihn zum ersten Mal auf einen Sprachmittler verzichten lässt. Der Mann an seiner Seite, in fast identischer Uniform, ist

General Lorenzo Vintter höchstselbst, den ein unbestimmtes Unwohlsein, sehr wahrscheinlich physischer Natur, immer wieder von seinem Begleiter ablenkt, als ob er endlich mit seinem Magengeschwür allein sein wollte. Nachdem ich so lange das Araukanische gehört habe, habe ich jetzt das Gefühl, dass ich die Sprache der Führer, die ich in der Stadt zu sprechen gelernt habe, vergessen habe, und es dauert, bis ich entschlüsseln kann, was sie sagen.

»Señora«, sagt Namuncurá, nur, um ihr seine Anwesenheit zu bekunden. »Herr!«, antwortet sie auf Araukanisch und zeigt mit ihrem Stock auf die Stelle, wo die Gefangene singt. »Hören Sie sie? Sie singt die ganze Nacht bereits so, Herr!«

»Was sagt sie?«, fragt Vintter Namuncurá mit unverkennbarem Ärger: Jetzt, wo er keine Indianer mehr tötet, weiß er nicht, was er mit ihnen anfangen soll. »Sie ist meine Frau, General«, erklärt der Kazike mit der leisen Stimme, die ein Weißer gebrauchen würde, um zu sagen: Sie ist verrückt. Sie wollte meinen Sohn töten. »Sie schreit, weil die Schuld sie seitdem nicht mehr schlafen lässt.« Überrascht lässt Vintter die Liste der Söhne des Namuncurá Revue passieren, die im Kampf gegen die Weißen gefallen sind, diese mythischen Unterhäuptlinge, deren Erschießung in Buenos Aires jeweils pünktlich mit einer neuen Flasche Sainte-Emile gefeiert wurde, und er fragt sich, welch unvorstellbaren Streit unter Wilden er und die kränkliche und unter Halluzinationen leidende Alte ausgefochten haben könnten. Die Blinde weiß sich irgendwie hinters Licht geführt, obwohl sie kein Spanisch versteht, und geht, ihren Stock in die Höhe schwenkend, einige Schritte vor.

»Die ganze Nacht, Herr, kreischend über ihrer Brut. Sie raubt mir die Nacht, Herr! Und immer noch weiß ich nicht, wohin wir gehen werden!«

Namuncurá weicht ihr erschrocken aus, als ob der physische Kontakt mit seiner Ehefrau dazu angetan wäre, dem weißen Chef eine geheime Schwäche von ihm zu enthüllen. So geht sie auf General Vintter los, berührt tastend seine uniformierte Brust wie jemand, der eine Seite in Blindenschrift liest, und verwechselt ihn mit Namuncurá: Tressen und barocke Schnüre überkreuzen sich gleichwohl auf den Uniformen von Führern wie Untergebenen. Zufrieden stützt sie sich mit ihrem Stock am Boden ab, und mit der anderen Hand klopft sie sanft auf die Brust wie jemand, der an eine Tür klopft.

»Warum lassen Sie zu, dass sie sich an uns rächt, mein Herr?«, sagt die Blinde. »Was ist aus unserem Gesetz geworden, Herr!« Aber da Lorenzo Vintter sich nicht regt und nur den Kaziken lächelnd ansieht, als wolle er ihn fragen, was er tun soll, bewegt sie energisch ihre Hand auf seine Hoden zu, eine Bewegung, die Lorenzo Vintter nicht im Geringsten erahnen kann und die die Peitsche des aufgebrachten Namuncurá grausam verhindert, womit er die Blinde zwingt, ihren Stock loszulassen und einen Schmerzensschrei auszustoßen, der im Zelt für besorgtes Getuschel der Ehefrauen sorgt. Dieser Schrei, so sage ich mir, gleicht dem Gesang der Gefangenen.

»Hör auf, Ärger zu machen, Hündin!«, schreit der Kazike und sieht zu, wie sie im Zentrum ihrer Nacht hin und her zu schwanken beginnt wie ein Kreisel, bis es ihr schließlich gelingt, sich an der Zeltstange festzuhalten. »Oder willst du, dass ich dich noch einmal strafe!« Sie sagt nichts, der Schmerz ist zu heftig, als dass er ihr ein Wort erlaubte, sie verzieht nur die Lider und die Nasenwurzel, und vielleicht wiederholt sie: »Mich hat niemand gestraft, Herr.« Und der Kazike wendet sich von ihr ab, als schlösse er einen Pakt mit ihr, und die beiden Begleiter ziehen sich zurück, denn die Gefahr ist vorüber.

Lorenzo Vintter, mit seinem zivilisierten Schamgefühl, hat längst den Blick von dem Paar abgewendet, und er denkt vielleicht, dass die Bestrafung einer Ehefrau ebenso privat bleiben muss wie der Akt, sie zu schwängern. Und jetzt, mit der wissenschaftlichen Distanz, die den Kranken und den Soldaten so sehr beruhigt, bemerkt er die gleiche Deformierung der Beine bei der Blinden und bei Namuncurá: Wenn einer ihrer Söhne am Leben geblieben und krummbeinig gewesen wäre, sagt er sich, und hält dies für sein privates Kriegstagebuch fest, würde man nicht wissen, ob seine Deformierung erblich ist, und auf jeden Fall wüsste man nicht, von welchem Elternteil er sie geerbt hätte. Namuncurá begibt sich an seine Seite, nimmt Haltung an, indem er die Hacken seiner Stiefel zusammenschlägt, und bittet ihn zu gehen, mit dem beruhigenden Gesichtsausdruck eines Menschen, der es schließlich geschafft hat, Ordnung zu schaffen. Sie schicken sich an, das Foto zu verlassen. Die Blinde, die sich besiegt weiß und allein glaubt, bricht zusammen und setzt sich auf den Boden. Von den anderen Ehefrauen hört man nichts. Nur der Gesang der Weißen wird lauter, siegreich, Señora Santa Ana, warum weint das Kind, wegen eines Apfels, den es verloren hat, und plötzlich, als er das hört, bleibt General Vintter stehen und versteht: Der Sohn von Namuncurá, den die Blinde töten wollte, ist keiner der Toten, sondern der Sohn dieser Weißen, die in ihrem kleinen Zelt singt, was Vintter in seinem Tagebuch als größte Geistesverwirrung beschreibt, weil sie sich wütend geweigert hat, sich befreien zu lassen. Dieses Entsetzen eint mich mit dem Militärführer, den ich verachte, und ich springe vom Hocker auf, bereit, mit dieser Geschichte Schluss zu machen. Mit den Fingern nehme ich das Fotopapier aus der letzten Wanne und hänge es an der Leine auf, die die Dunkelheit des Labors durchkreuzt, wie meine Mutter, in ihrem Innenhof in der Stadt, ihre letzten Kleidungsstücke aufhängt. Wassertropfen perlen vom Fotopapier und zerplatzen auf dem Fußboden mit einem altbekannten Geräusch und lassen vom Boden einen leichten und beruhigenden Geruch aufsteigen; es ist das Geräusch, mit dem der Himmel immer gesprochen hat, das Kinder schlafen lässt und Samenkörner aufweckt und das mir, in der kurzen Zeitspanne der Dunkelheit, die immer das Trocknen der Fotos begleitet, langsam das folgende Ende zuflüstert.

Die Welt ist Wasser – erinnert sich die blinde Indianerin, während sie ihre eigenen Tränen auf den Wüstenboden fallen hört, der so durstig und ausgetrocknet ist wie die Haut einer Trommel –, und wer lernt, das Wasser zu sehen, weiß, dass es vollkommenen Verlust nicht gibt. Wir sind Wasser, das gleiche abgestandene Wasser vom Morgengrauen bis zur Dämmerung, und alles, was wir verlieren, kommt immer in einem anderen Zustand zurück: Es gibt keinen Tod auf dieser Welt, dem nicht irgendein Leben folgte. Unter den Araukanern der Pampas kommen die, die das Augenlicht verlieren, in das nicht fassbare Haus zurück, das Gott bewohnte, bevor er das Licht und die Finsternis schuf, bevor er sich in Mond und Sonne aufspaltete; und es sind die Blinden, die als Einzige mit den Ohren wieder sehen und über die Wüste und den Himmel, über die Städte und das Meer hinausschauen können, bis sie eine Stille finden, in der sie sagen, wie am ersten Tag: Hier wird der Mensch sein Haus bauen. Als sich Namuncurá ergab, als er sich erbat, den Ort seiner Niederlage wählen zu dürfen, flüsterten die Ehefrauen der Blinden zu: Bleib wach in dieser Nacht, alte Schwester, wenn jeder Araukaner schläft und der weiße Gefängniswärter vor Mitleid schweigt. Gehe hinaus in die Unbilden, und höre bis zum Schluss die Stille der Welt, jenseits von allem, was einer der Unsrigen jemals hat hören können; und höre auch in die Tiefe deines Blutes hinein, blinde Alte, dort hinein, wo die Toten noch sprechen, wo Gott einmal war … Und sag uns, wo es einen Ort gibt, an dem diese Nacht uns gehört. Zur Zeit der Großeltern wurde mit dem Tode bestraft, wer ohne Erlaubnis in der Nacht der Wüste wachte und wer noch sprach und damit in den Dialog des Blinden mit der immensen Leere eingriff: Es war der Blinde, der entschied, welche Richtung am nächsten Tag einzuschlagen war. Als sie jedoch in die erste Nacht eintritt wie jemand, der in sein Königreich eintritt, und die Gefangene zu singen begann, zu schreien, sie aus der Fassung zu bringen – warum wagt es da niemand, diese zum Schweigen zu bringen? »Nur ein Weißer kann glauben, dass sie ein Kind wiegt«, dachte die Blinde und fühlte sich gefangen im Gesang der Weißen wie ein wilder Vogel im Käfig. »Sie hat mich in ihrer Macht, das ist die Schattenseite ihrer Verstümmelung, und warum tötet sie niemand? Wenn sie singt, damit wir uns in der Nacht verlieren …! Sie singt und rächt sich an mir!« Mit dem Schmerz aller Blinden hört sie die Dunkelheit der Zeit, und jetzt, während sie schmerzlich die bestrafte Hand umklammert, weint die Blinde mit ihrem Klagen ihre ganze Geschichte heraus. Ah, wann begann die Niederlage wirklich? Warum hat sich ihr Vater ergeben und sie Namuncurá ausgeliefert? Warum hat sie sich selbst dem Kaziken ergeben und ihm ihre sechs Söhne ausgeliefert? Warum gab Namuncurá dem Rat der Priester nach und ergab sich Lorenzo Vintter, der mit einem Trinkspruch den Tod seiner sechs Söhne feierte? Warum hat er die gesamte Zukunft des Stammes in den weißen Bauch der gefangenen Hündin gelegt? Die Blinde hat keine Antwort, wohl aber ein Bild, das alle ihre Fragen ausdrückt; und ihrem Geist, müde vom Leiden, wäre es gleichgültig, die eine wie die andere Frage zu unterdrücken: Es ist das Bild dieses Mestizenkindes, das die Gefangene in ihren Armen wiegt, und allein die Erinnerung tröstet sie, es wehrlos in ihren Händen gehalten zu haben. Oh, welcher Genuss, die einzige Ehefrau zu sein, die sich erbarmt, und zwischen den Beinen der Christin zu suchen, als diese schrie und schrie, kurz vor der Geburt …! Oh, dieser Zorn, die Nabelschnur mit Bissen zu durchtrennen und das Kind schließlich hochzuhalten, als bedeute es einen Sieg, wie die Köpfe der Indianer auf den Bajonetten der siegreichen Soldaten … und dieser Impuls, es auf den Boden zu schleudern wie die schwachen Kinder, damit endlich alle verstünden …! Aber die Christenhündin jaulte rechtzeitig, und Namuncurá tauchte aus dem Nichts auf: Ihr das Kind aus den Händen zu reißen und in die Glut des Lagerfeuers zu treten, damit diese ihr die Augen verbrannte, war ein und dieselbe Bewegung. Die Frauen, die ihr halfen, sie zu behandeln, weinten und fluchten, als seien sie bereit zu rebellieren, aber sie sagte: »Es ist keine Strafe, ich werde nun sehen, alle werden sehen.«

Aber wenn sie alles gesehen haben, denkt sie jetzt, während sie den Gesang der Weißen wie einen Siegesgesang wahrnimmt, warum lassen sie mich allein? Und warum hat er gesagt, dass er mich bestraft hat?

Der Morgen schreitet fort in der Wüste mit ihren zerfransten Windstößen und ihren leisen Geräuschen, mit ihrer armseligen Sprache, die unsere ureigenste Armut darzustellen scheint. Es erklingt das Horn, um die Truppe zum Weiterziehen zu rufen. Langsam, mit einer fahrlässigen Kraftlosigkeit, die ihnen das erstmalige Fehlen häuslicher Tätigkeiten beschert, verlassen die Frauen das Zelt und gehen zu dem Stand, an dem die Soldaten gekochten Mate verteilen. Jede mit ihrem Tonkrug, stellen sie ihren Enkeln unwissentlich die Zukunft dar, wie sie sich, wenn sie das Reservat verlassen haben, bettelnd in die Städte des eroberten Patagonien begeben werden. Niemals wirkten sie so sehr wie Schwestern, und sie alle geben vor, weder die weiße Gefangene zu hören, die gefangen in ihrer eigenen Halsstarrigkeit scheint und viel länger singt als an jedem anderen Morgen, noch die Blinde, die mit geschlossenen Augen weint und fürchtet, dass sie sie fragen könnten, ob es ihr gelungen ist vorauszusehen, wohin sie nun gehen werden, und sich schämt, sagen zu müssen: auch heute wieder nicht, auch heute wieder nicht. Wie nach jeder Nacht nutzlosen Wachens fühlt die Blinde in jedem Knochen, dass eine unendliche Müdigkeit sie auflöst, aber sie ahnt auch, dass die Schlacht noch nicht beendet ist, und sie versucht, auf der Hut zu sein, bis die Gefangene aufhört zu singen. Es ist bereits Tag: In der Sonne spürt sie, dass in ihre Hände Gefühl zurückkehrt. Unter den Araukanern der Pampas erfüllt das Singen immer eine bestimmte Funktion: Das Totem ehren, aus den Erinnerungen erzählen, zum Kampf aufstacheln; aber wer, fragt sich die Blinde, ungeduldig und ohne zu merken, dass sie, nachdem die anderen Ehefrauen gegangen sind, nun allein geblieben ist mit der Gefangenen, wer kann ihr sagen, warum die Gefangene nicht aufhört zu singen, jetzt, wo ihr Kind doch aufwachen sollte …? Die Jungfrau kämmt sich zwischen den Vorhängen, ihr Haar ist aus Gold, der Kamm aus feinem Silber. Einen Moment lang glaubt die Blinde, dass die andere singt, um allen kundzutun, dass auch sie sie in dieser Nacht besiegt hat; aber dann, als sie sich schließlich Teil der gleichen Einsamkeit weiß, versteht sie, dass sie nur für sie singt, und obwohl auf der Hut vor der Gefahr, dringt sie vorsichtig, aber herausfordernd in das Geheimnis des Gesangs der anderen ein, taucht ein in das ständige Auf und Ab der heiser gewordenen Stimme und fühlt sich mit dem Kind verbunden, das sie hat töten wollen. Nachdem sie die Schwelle der Seele der anderen überschritten hat, nickt die Blinde ein-, zwei-, dreimal unmerklich ein und sagt sich wie gewohnt, dass, wenn sie sich jetzt wirklich verlöre, ihr Volk nicht wüsste, wohin es sich wenden soll. Aber es ist sehr schwer, weiter Wache zu halten, wenn es nur Dunkelheit gibt, und eine unbarmherzige Benommenheit raubt ihr schließlich das Bewusstsein. In den schweren Tagen des Krieges ließ die Angst vor den Weißen sie nicht schlafen; jetzt, in der Nacht der anderen, kann sie sich keine schlimmere Angst vorstellen als die, einzuschlafen. Wenn sie sprechen könnte, um Hilfe bitten, würde sie sagen, dass eine Flut aus Gesang sie ins offene Meer zieht oder dass sie in einem Spinnennetz aus dem Auf und Ab einer Stimme gefangen ist … und das Bild einer weißen Spinne, die sie in der Tiefe dieses Traums erwartet, weckt sie fast endgültig auf. Schließlich, als ihre Nacht dem Haus gleich wird, in das Gott nie wieder zurückkehren wird, und dieses Haus von dem unverständlichen Gesang bewohnt wird, hört die Blinde, wie nur die Blinden hören, bis ins Herz der Gefangenen, und weiß, dass sie nur wegen des Kindes unter den Indianern geblieben ist, und unter ihren Füßen öffnet sich ein Abgrund, eine so tiefe Stille, die niemand beschreiben kann, und eine nach der anderen fallen sämtliche Mauern der Zeit.

Sie fuchtelt ungeschickt mit den Händen, genau so, wie sie es gemacht hat, als sie wieder gehen lernte, denn sie hat Angst, auf dem Boden zu zerschellen, voller Angst vor dem, was wir alle fürchten: uns für immer in der Liebe aufzulösen, aber das nützt ihr nichts. »Mama!«, sagt sie schließlich und fühlt, wie eine gewaltige Freude ihr für immer den Atem nimmt, es ist die Freude eines Bildes, das sich aus dem düsteren Rahmen einer Fotografie löst, und hört nach einer Weile die Erde der Toten, und das Herz der Ihren … und weit weg, in der Tiefe der Zukunft, fühle ich, dass sie auch mich sieht. Erschrocken sage ich mir, dass ich vielleicht die Nacht bin, die sie suchten, diese Stille, diese Leere, dieses weiße Papier: Mit stockendem Atem fühle ich, wie eine unsichtbare Hand mich hochhebt, damit mich die Toten sehen; sie ist bereit, mich auf den Boden zu schleudern, auf den gleichen Boden, auf dem sie besiegt worden sind. Aber ich klammere mich, wie lächerlich, an den Hocker und springe dann mit einem Satz auf die Füße, mit der grausamen Entschlossenheit desjenigen, der beim Fotografieren den Lauf eines Lebens anhält. Dann reibe ich mir mechanisch die Augen und sage mir zum ersten Mal, dass, wenn ich mit dieser Arbeit nicht aufhöre, das Eingeschlossensein mich verrückt machen wird, und ich schicke mich an, das heutige Foto zu archivieren.

Es kostet mich Mühe, im Dunkeln des Labors etwas zu erkennen, und ich taste mich auf der Suche nach dem Lichtschalter tollpatschig mit ausgestreckten Armen wie ein Blinder voran. Während eines Augenblicks klingt in meinem Kopf das Wiegenlied der Gefangenen nach, aber ich bringe sie auf seltsame Art zum Schweigen, indem ich mechanisch auf den Boden stampfe, sodass der Staub auffliegt, der irgendwann Mensch war und der mir sagt, dass ich aufhören muss zu delirieren, Indianer zu sehen, wo nur Stille ist. Ich mache Licht mit einem Geräusch, das der Klappe beim Filmen ähnelt, so, als ob ich mich nicht beruhigen soll, es ist das Licht, das um diese Tageszeit die Straßen von Buenos Aires durchflutet, das Licht, das heute die Wissenschaft nach Araukanien vordringen lässt. Von der Leine, an der das fast trockene Foto hängt, wie auch vom letzten Wäscheteil, das meine Mutter in der Stadt aufgehängt hat, fallen noch letzte Wassertropfen, die mir dazu dienen könnten, einen Artikel abzuschließen, wenn ich mich dazu entschlösse, meine Erfahrung schriftlich zusammenzufassen, und wenn ich sie mit dem Weinen vergleichen würde. Aber ich nähere mich dem Foto und erinnere mich daran, dass der Tag zu Ende geht und sie in der Stadt für eines unserer letzten Abendessen auf mich wartet, und das Wasser, das vom Foto tropft, ist wie ein Leben, das geht. Ich nehme das Foto ab, nehme den Föhn wie eine Pistole, und während ich die warme Luft auf das Papier richte, erkenne ich jetzt allmählich das Bild wieder, als käme es aus großer Tiefe, aber auch aus dem Entferntesten meiner eigenen Erinnerung. Die Wüste, die Zeltlager, die kleine Fahne, der Schatten des Fotografen, der meiner sein könnte, wäre da nicht der Tropenhelm des Forschers.

Nur die Indianerin nicht, sage ich mir, während ich im Hintergrund auf das Zelt der Ehefrauen schaue. Nur die Indianerin ist nicht mehr da.

Die Zeit der großen Einwanderung

Graciela Montes

Eines der Haupthindernisse, Argentinien wirtschaftlich auf einen guten Weg zu bringen, war die geringe Bevölkerungszahl. Unser Land war fast menschenleer, und es war schwierig, Arbeiter zu finden für die Landwirtschaft, für den Bau der Eisenbahn, der Straßen, der Häfen und für alles andere, was es zu tun gab. In Europa dagegen war die Bevölkerung außergewöhnlich gewachsen, und es kamen viele Europäer hierher, angezogen von den interessanten Arbeitsangeboten und von den täglich billiger werdenden Schiffspassagen. Sie kamen, um »Amerika zu machen«, was hieß, dass sie hart arbeiten und viel Geld verdienen wollten, um dann um einiges reicher in ihre Heimat zurückzukehren. Viele gingen zurück, noch mehr aber blieben.

Die Einwanderung hatte in den Sechzigerjahren des 19. Jahrhunderts begonnen, wenn auch in bescheidenem Umfang und »selektiv«, aber seit 1880 setzte man darauf, die Tore des Landes für die Einwanderer sperrangelweit zu öffnen und sie darüber hinaus durch aktive Werbung und kostenfreie Schiffspassagen anzulocken. Die Kampagne war ein Erfolg: Zwischen 1880 und 1890 – das Land hatte damals weniger als zwei Millionen Einwohner – wanderte eine Million Menschen ein, und 650 000 von ihnen ließen sich endgültig hier nieder.

Diese massive Einwanderung, die sich ab 1880 beschleunigte und sich bis weit ins 20. Jahrhundert hinein fortsetzte, und der wirtschaftliche Fortschritt veränderten die argentinische Gesellschaft derart, dass man fast von einer Rundumerneuerung sprechen konnte. Man denke nur daran, dass es 1869 noch 1,8 Millionen Einwohner gab und 1914 bereits 7,8 Millionen. Und dass Buenos Aires 1869 180 000 Menschen beherbergte und 1914 1,5 Millionen. Zwischen 1880 und 1930 kamen sechs Millionen Ausländer ins Land, von denen allerdings nur gut die Hälfte auch blieb.

1895 waren zwei von drei Einwohnern der Hauptstadt Ausländer, die meisten Italiener – zunächst aus dem Norden, später aus dem Süden –, ihnen folgten auf dem zweiten Platz die Spanier, und in geringerem Umfang kamen Franzosen, Russen, Syrer, Schweizer, Deutsche. Sie kamen von überall her. Damals ähnelte Buenos Aires einem neuen Babel, weil man in seinen Straßen alle Sprachen hörte.

Viele zogen aufs Land, vor allem ins Litoral, wie der an Uruguay, Paraguay und Brasilien angrenzende Nordosten genannt wird, und mit ihrer Arbeit ermöglichten sie die »Revolution der Pampas«, die Verwandlung riesiger unberührter Flächen in Felder und Viehweiden. In den Sechziger- und Siebzigerjahren kauften viele Land in der Provinz Santa Fé, die späteren Kolonisatoren mussten sich damit begnügen, Felder zu pachten, da das Land an Wert gewonnen hatte.

Diese Kleinbauern und ihre Familien waren die typischen ländlichen Zuwanderer. Sie bauten ihre Höfe auf, arbeiteten das ganze Jahr über vom Morgengrauen bis zum Sonnenuntergang, aber eine Dürre, eine Heuschreckenplage oder der Verfall der Getreidepreise auf dem internationalen Markt (was für sie immer ein Mysterium war und in Europa und nicht hier seine Lösung hatte) konnten dazu führen, dass ihre ganze Arbeit umsonst war.

Sie scheuten keine Anstrengung: Sie waren gekommen, um

»Amerika zu machen« , alles zu opfern und alles zu riskieren, um schnell wohlhabend zu werden. Es war ein Spiel um alles oder nichts: Wenn die Preise in Europa gut waren, waren die Gewinne sehr hoch. Wenn nicht, war alles verloren.

Und weil es eine Frage von »alles oder nichts« war, zogen sie es vor, das gesamte Geld, das sie mitgebracht hatten, für die Pacht von möglichst viel Land auszugeben, obwohl sie dann sehr ärmlich leben mussten, in elenden Hütten, immer bereit, das Land wieder zu verlassen, wenn der Pachtvertrag auslief. Einige machten »das Amerika«, von dem sie träumten, andere nicht.

Zwei Gesellschaftsgruppen, die mit den Immigranten zu tun hatten, gewannen jedoch immer, weil sie nur an den Erträgen der Höfe beteiligt waren, ohne irgendein Risiko zu tragen: die Großgrundbesitzer und die Händler, die im Namen großer Handelshäuser aus Buenos Aires tätig waren. Erstere gewannen doppelt, sie kassierten die Pacht für das Land und konnten obendrein zusehen, wie ihr Landbesitz durch die Arbeit der Einwanderer Jahr für Jahr an Wert zunahm. Und die Händler streckten den Bauern Geld vor, kauften billig ihre Ernten auf und verkauften sie, wenn der Preis wieder stieg.

Aber die Mehrheit der Einwanderer blieb in den Städten, vor allem in Buenos Aires und Rosario, wo es die größte Nachfrage nach Arbeitskräften gab. Sie verdingten sich beim Hafenbau, in den Silos, in den Getreidemühlen, in den Kühlhäusern oder beim Bau großer Gebäude, des Kongresszentrums, der Post oder der Paläste der Reichen wie dem heutigen Círculo Militar, der damals der Familie Paz gehörte, oder beim Bau der Eisenbahn. Sie arbeiteten als Fuhrleute, Diener, Straßenverkäufer oder in den neu entstehenden Fabriken.

Sie lebten zusammen, fast immer in der Nähe des Hafens, über den sie ins Land gekommen waren, und in La Boca zum Beispiel waren fast alle Genuesen. Sie mieteten ein Zimmer in einer Mietskaserne, den alten sogenannten Chorizo-Häusern mit einem Eingangsflur und vielen Zimmern, die auf einen Innenhof hinausgingen. Es war nicht einfach, sein Glück zu machen. Die Mieten waren hoch, die Arbeitsplätze unsicher, die Löhne niedrig und die Lebensbedingungen miserabel, da man auf sehr engem Raum zusammenlebte und die sanitären Anlagen stark zu wünschen übrig ließen. Viele Kinder starben.

Das Leben dieser Ausländer muss hart gewesen sein. Sie waren nicht nur im Land fremd, sondern auch untereinander, und manchmal war es ebenso schwer, sich mit einem Landsmann zu verständigen, der einen anderen Dialekt sprach, wie mit den einheimischen Kreolen.

Aber nach und nach akklimatisierten sie sich und veränderten gleichzeitig die Gesellschaft, in die sie sich verpflanzt hatten. Viele beschlossen, sich zusammenzutun, sich gewerkschaftlich zu organisieren, sich untereinander zu solidarisieren. Es entstanden Vereinigungen für gegenseitige Hilfe, die meist von Menschen gleicher Nationalität oder sogar aus der gleichen Heimatregion gegründet wurden, sowie Gewerkschaften – etwa der Buchdrucker, Brotbäcker und Fuhrleute – oder politische Gruppierungen wie die der Anarchisten, die in jenen Jahren große Bedeutung hatten. In der Gruppe fühlte man sich weniger allein und stärker.

Andere wiederum, die das Ziel, reich zu werden, ehrgeiziger verfolgten, lösten sich von der Masse und konzentrierten alle Anstrengungen auf ihren eigenen Aufstieg. Das Einzige, was dabei wichtig war, war die Zukunft der eigenen Familie. Diese erfolgreichen Einwanderer bildeten mit der Zeit die Mittelklasse der neuen Gesellschaft.

Trotzdem – am Anfang gab es nur zwei Gruppen: die Armen und die Reichen, und die Einwanderer zählten alle zu Ersteren.

Die Oberschicht setzte sich vor allem aus Kreolen zusammen, auch einige Familien englischer Herkunft zählten dazu. Und nicht alle waren alte Patrizierfamilien, es gab auch Neureiche, Emporkömmlinge, wie man sagte: Viele von ihnen waren auf zweifelhafte Weise zu ihrem Reichtum gekommen, dank der Hilfe hochgestellter Politiker. Und viele waren auch nicht wirklich reich.

Aber sie alle fühlten sich als Herren im Haus und schauten auf die Masse der Einwanderer herab. Sie begannen, ihre Freundeskreise abzuschotten, damit die Gringos nicht eindrangen. Sie achteten mehr denn je auf Familiennamen, auf Vorfahren und auf Luxus, der dazu diente, sich von der breiten Schicht der Arbeiter abzuheben. Und als der soziale Aufstieg der »Geldsack-Gringos« einsetzte, wie sie diejenigen abfällig bezeichneten, die »Amerika gemacht« hatten, kümmerten sie sich vor allem darum, zu verhindern, dass diese politische Posten besetzten.

Es versteht sich, dass alle Immigranten mit dem Ziel gekommen waren, reich zu werden, aber nicht allen gelang dies. Viele mussten zurückkehren, und viele blieben immer arm. Aber viele konnten auch ihre Situation verbessern, und deren Erfolg war der Beweis dafür, dass sozialer Aufstieg möglich war.

Die Einwanderer wussten sehr wohl, was sie wollten und wie sozialer Erfolg zu erreichen war. Sie wussten, dass sie vor allen Dingen ein abhängiges Beschäftigungsverhältnis hinter sich lassen mussten. Ihr Ziel war es, sich eine kleine Werkstatt oder ein Geschäft einzurichten und auf eigene Rechnung zu wirtschaften. Der nächste Schritt war, nicht länger zur Miete zu wohnen, sondern auf Raten ein kleines Grundstück zu erwerben und darauf nach und nach ein eigenes Häuschen zu errichten. Selbstverständlich nicht im Zentrum, aber es gab wunderbare Angebote in den neuen Vierteln Floresta, Caballito, Villa Luro, Villa Urquiza, Villa Crespo, und mit den neuen elektrischen Straßenbahnen gelangte man schnell dorthin.

Aber der Aufstieg hörte damit nicht auf: Es galt, weiterzuarbeiten und zu sparen, um den Kindern eine gute Erziehung zu ermöglichen. Die Kinder sollten den Weg dann vollenden: Sie würden sich über die Schule in die Gesellschaft integrieren, würden die Sprache gut lernen und dann einen Posten im öffentlichen Dienst anstreben, was gleichbedeutend mit sozialem Aufstieg war, oder sogar einen Universitätstitel erlangen, die höchste Prämie für alle Anstrengungen, wie es Florencio Sánchez in seinem Theaterstück *M'hijo el dotor* (Mein Sohn, der Herr Doktor) beschrieben hat. Alle wussten, wie man nach oben kam, aber vielen blieb dieser Weg versagt. Die sozialen Proteste zu Beginn des 20. Jahrhunderts waren ein Zeichen dafür, dass es für viele überhaupt nicht gut lief.

Deutsche Pioniere und Träumer

Carlos E. Wolff

Sie kamen allein oder in Gruppen, aber immer mit Koffern voller Hoffnungen und großzügigen Händen, die halfen, Argentinien aufzubauen. Im Laufe unserer Geschichte ließen sich viele Deutsche hier nieder. Die einen kamen als einsame Abenteurer, angelockt von den Herausforderungen einer Geografie und einer Lebenswirklichkeit, die so unterschiedlich von der ihrer Heimat war, die anderen als Teil kleiner oder großer Immigrantengruppen, die aus einem Europa flohen, das von Hungersnot und Kriegen erschüttert wurde. Sie alle haben in der einen oder anderen Weise aktiv zur Entwicklung Argentiniens beigetragen.

Schon an der Eroberung der Region um den Río de la Plata waren sie als Mitglieder oder Finanziers der verschiedenen spanischen Expeditionen beteiligt. Der erste Deutsche, der argentinischen Boden betrat, hieß Hans Varge, er war Kanonier der Magellan-Expedition. Als Repräsentanten deutscher Handelshäuser begleiteten Hans Brunberger und Lazarus Nürnberger Sebastián Caboto, als dieser erstmals den Paraná-Fluss hinaufsegelte und die erste spanische Siedlung namens Sancti Spiriti gründete.

Eines der vierzehn Schiffe, die die Flotte Pedro de Mendozas ausmachten, gehörte dem deutschen Bankier und Kaufmann Ulrich Schmidl. Er war einer der achtzig deutschsprachigen Teilnehmer der Expedition und der erste Chronist und Kartograf der La-Plata-Region. Heute huldigt ihm ein Denkmal im Lezama-Park von Buenos Aires.

Jesuitische Missionen

Die Deutschen spielten auch eine herausragende Rolle bei der geistigen Eroberung. Zwischen 1604 und 1755 kamen mehr als hundert deutsche Jesuiten an den Río de la Plata und halfen bei der kulturellen und wirtschaftlichen Entwicklung der Missionen. Sie bauten die erste Druckerei auf und trugen durch das Studium der örtlichen Heilpflanzen zur Entwicklung eines ersten, rudimentären Gesundheitswesens bei.

Das Ende des Vizekönigreichs Río de la Plata im Jahr 1810 bedeutete die Öffnung der Grenzen für Ausländer. Allerdings befanden sich die Deutschen zu jener Zeit im Krieg gegen Napoleon, sodass vergleichsweise weniger Deutsche als Engländer und Franzosen nach Argentinien kamen. Diejenigen, die den Weg hierher fanden, waren mehrheitlich große Kaufleute, doch es waren auch einige Handwerker und Soldaten darunter. Einige Offiziere nahmen an den Unabhängigkeitskriegen teil, darunter Baron Eduard Holmberg, der unter Manuel Belgrano als General der nördlichen Truppen diente, und Georg Vidt, der die Spanier an der Seite von General Güemes bekämpfte. Der Hamburger Kaufmann Luis Vernet, der 1817 in unser Land gekommen war, sollte zwischen 1829 und 1833 von der Regierung von Buenos Aires zum ersten Gouverneur der Malwinen-Inseln ernannt werden.

Zwischen 1830 und 1850 wuchs die Zahl der Deutschen in Buenos Aires und Umgebung auf etwa 600 Personen an, die meisten von ihnen waren kleine Handwerker, die zur sich neu formierenden Mittelklasse gehörten und sich darum bemühten, ihre deutschen Wurzeln lebendig zu halten. Das Regime von General Juan Manuel de Rosas förderte die Bildung von Einwanderer-Gemeinden, die den Einheimischen verschlossen blieben. Ziel war es, die Ausländer davon abzuhalten, sich in das politische Leben einzumischen. So entstanden die ersten evangelischen Gemeinden und Gemeindeschulen am Río de la Plata.

Siedlungen

Nach Rosas' Fall und im Rahmen einer Kampagne, die »alle Männer der Welt und vorzugsweise aus dem europäischen Norden, die auf argentinischem Boden siedeln wollen«, anlocken sollte, landete eine erste Gruppe von Deutschen und Schweizern in Argentinien, die den Ort Colonia Esperanza (Siedlung der Hoffnung) in der Provinz Santa Fé gründeten, wo zwischen 1858 und 1885 weitere fünfundvierzig Kolonien entstehen sollten.

Zweifelsohne spielten die Deutschen eine wichtige Rolle bei der Erforschung und Kolonisierung der weiten und unbevölkerten Gebiete, die Mitte des 19. Jahrhunderts noch die große argentinische Wüste ausmachten. Eine Kommission deutscher Wissenschaftler begleitete General Julio A. Roca bei seiner Wüstenkampagne und war mit der Aufgabe betraut, Flora, Fauna und Bodenschätze Patagoniens sowie Möglichkeiten der Besiedlung zu untersuchen. Deutsche waren ebenfalls Teil der Chaco-Expedition, als Wissenschaftler und Militärs und als Ingenieure bei der Verlegung des Schienennetzes. Später gründeten sie zahlreiche landwirtschaftliche Siedlungen in der Region.

1877 begann mit Deutschen, die aus dem Süden Brasiliens

kamen, die Kolonisierung der Provinz Misiones, wo sie Mais, Tabak, Zuckerrohr und Yerba Mate anpflanzten. Nach dem Ersten Weltkrieg strömten sie in großer Zahl nach Misiones, wo sie bis heute fortbestehende Siedlungen wie Puerto Rico, Monte Carlo und Eldorado gründeten.

Die ersten Wolgadeutschen kamen Ende des 19. Jahrhunderts nach Argentinien und bildeten fortan einen wichtigen Teil der deutschsprachigen Gemeinschaft im Landesinnern. Die Russen mit deutschen Wurzeln ließen sich in den Provinzen Entre Ríos, La Pampa und Buenos Aires nieder, wo sie zahlreiche landwirtschaftliche Kolonien aufbauten. Bis 1928 machten sie rund 80 000 Siedler aus.

Neue Impulse

Durch die Ankunft größerer Immigrantengruppen, die das reiche Arbeitsangebot und die Möglichkeit, wirtschaftlichen Wohlstand zu erreichen, nach Argentinien lockten, erfuhr die deutsche Gemeinschaft neue Impulse. Zwischen 1855 und 1869 verdoppelte sich die Zahl der deutschen Einwohner auf 5093 Personen, von denen zwei Drittel in der Hauptstadt Buenos Aires lebten.

Kirchen, Schulen und die verschiedenen Vereine wurden zum Zentrum gemeinschaftlicher Aktivitäten, die sich nicht auf die deutsche Gemeinschaft beschränkten. 1853 wurde in der heutigen Esmeralda-Straße die erste evangelische Kirche eingeweiht, dann wurden die Deutsche Gesellschaft für Gymnastik – später der Deutsche Klub von Buenos Aires – und die Deutsche Gesellschaft für Krankenhilfe, der Vorläufer des heutigen Deutschen Hospitals, gegründet. Ein Sprichwort besagt, dass, treffen zwei Deutsche aufeinander, sie drei Vereine gründen, ganz gleich, mit welchem Ziel. Das bewahrheitet sich, denn zu Beginn des 20. Jahrhunderts gibt es allein in Buenos Aires 158 kulturelle, soziale, sportliche und berufliche Vereinigungen.

Diese spielten im Ersten Weltkrieg eine wichtige Rolle, als die deutschsprachige Bevölkerung unter den Konsequenzen schwarzer Listen zu leiden begann, die die Alliierten aufgestellt hatten, sowie unter der antideutschen Propaganda der argentinischen Medien. Die Deutsche Volksunion in Argentinien, der Deutsche Wohlfahrtsverein und die Deutsche Handelskammer halfen den in Ungnade Gefallenen und besorgten ihnen Arbeit und ein Dach über dem Kopf.

Verschiedene Ideologien

Die Einheit der Gemeinschaft sollte allerdings den ideologischen Differenzen, die in der Nachkriegszeit entstanden, nicht standhalten. Die beiden deutschsprachigen Zeitungen, die damals in Buenos Aires erschienen, das republikanische und liberale *Argentinische Tageblatt* der Schweizer Einwandererfamilie Alemann und die konservative *Deutsche La Plata* Zeitung wurden zur Bühne der ideologischen Auseinandersetzung. Ab 1933 wurde der ideologische Riss, der durch die deutsche Gemeinschaft verlief, noch deutlicher. Sie teilte sich in zwei unversöhnliche Gruppen: in die Bewunderer von Hitlers neuem Deutschland und die Gegner des nationalsozialistischen Regimes.

Es war die herrschende Wirklichkeit in diesem neuen Deutschland, die die Ankunft eines neuen und großen Kontingents von deutschen Einwanderern zur Folge hatte. Es handelte sich um deutsche Juden, die in Argentinien landeten, um Hitlerdeutschland zu entfliehen. Die Zahl wuchs auf 45 000 Personen an, in der Mehrheit Akademiker und gebildete Leute aus allen Bereichen: Wissenschaftler, Künstler, Ingenieure, Unternehmer.

Die argentinische Kriegserklärung an das sterbende Dritte Reich 1945 drückte sich in der Konfiszierung des Eigentums aller kulturellen, sozialen und sportlichen deutschen Vereine aus. Von der Villa, die der Deutsche Klub in der Avenida Córdoba Nr. 731 besaß, bis zu den bescheidenen Einrichtungen von Provinzvereinen – alles wurde als Feindeseigentum eingestuft. Es mussten fast zehn Jahre harter Verhandlungen ins Land ziehen, bis die argentinische Regierung den betroffenen Vereinen ihren Besitz zurückgab.

Seit dem Ende des Zweiten Weltkrieges bis 1950 kamen offiziell rund 5800 Deutsche ins Land. Auch wenn diese nur 1,5 Prozent der gesamten Einwanderung dieser Jahre ausmachten, bedeuteten sie für Argentinien trotzdem wichtiges menschliches Kapital, denn es waren zahlreiche Wissenschaftler und Techniker darunter, die aus den von der Sowjetunion besetzten deutschen Ostgebieten stammten.

Mit den Jahren integrierten sich die Deutschen immer mehr in diesem Land, das ihnen einen Neuanfang ermöglicht hatte. Den Einwanderern folgten neue Generationen, die sich längst als Argentinier begreifen, auch wenn sie die Sprache und Kultur ihrer Vorfahren bewahren.

Viele deutsche Großeltern hatten sich an Orten niedergelassen, die an die Landschaften ihrer Kindheit erinnerten, so in Bariloche oder Villa General Belgrano, wo jedes Jahr das größte argentinische Bierfest gefeiert wird. Ein Teil ihrer Enkel ging zurück nach Deutschland, um den vielen wirtschaftlichen und politischen Krisen zu entkommen, die Argentinien seit den Siebzigerjahren erlebte.

Heute leben schätzungsweise eine gute Million Deutsche und Deutschstämmige auf argentinischem Boden.

Im Tangoschritt

Pedro Orgambide

Die Ursprünge

Um 1870, so berichtet der Musiker und Tangokomponist Juan de Díos Filiberto, tanzten die Schwarzen von Buenos Aires zum Rhythmus von Trommeln, die sie »Tangós« nannten. Die Tänzer waren Nachkommen der Sklaven der Kolonialzeit, und ihre Leidenschaft war der Fandango, ein spanischer Tanz. Sie schlossen sich nach ihrem afrikanischen Ursprung zusammen: Banguelas, Congos, Mosambiques, Minas und Mandingas. Ihre Geschichte ist älter als die des argentinischen Staates. Sie geht auf die heidnischen Fandangos des Teatro de la Ranchería zurück, wie das erste Theater von Buenos Aires hieß. Damals warfen gewalttätige Fanatiker brennende Fackeln auf die Strohdächer des kolonialen Theaters, um es zu verbrennen, und mit ihnen auch jene schwarzen »Söhne des Teufels«.

Seit jener Nacht im August 1792 wurden die dunkelhäutigen Tänzer, die Anhänger der afrikanischen Rhythmen, von den »feinen« Leuten, die die Exzesse und die Vergnügungen des Pöbels fürchteten, mit Misstrauen betrachtet. Dank Diktator Juan Manuel de Rosas, der von 1828 bis 1852 regierte, stellte der Candombe, den man anlässlich des Dreikönigsfestes und der Feste der Heiligen Benedikt und Sebastian hörte, ihre Ehre wieder her:

Cum-tango
Caram-cum-tango
Cum-tango
Caram-cum-tan
Cum-tango
Caram-cum-tá.

Tango (oder Tan-gó) bezeichnete damals sowohl das Instrument, die Trommel, als auch den Tanz und den Tänzer mit afrikanischen Wurzeln. Einige Bewegungen des Candombe, seine Wiegeschritte, Stopps, Beugungen und kurzen Schrittabfolgen, fanden Eingang in den Tango, der zum Tanz der Arbeiter aus den Viehställen und der Gecken der Vorstadt wurde.

Aber am Anfang, so versichert Vicente Rossi 1926, war der Tango Sache der Schwarzen. Seinen Angaben zufolge tanzte man ihn zum ersten Mal 1866 im uruguayischen Montevideo. *El Chicoba* lautete der Name dieses ersten Tangos, in Erinnerung an den *Chico escoba* (Besenjunge), einen Mann, der die Candombe-Tänzer mit einem Besen zu vertreiben versuchte.

Andere pochen auf die spanische Herkunft des Tangos und führen dafür den andalusischen Tango an, der bis 1850 am Río de la Plata getanzt wurde und bis ins erste Jahrzehnt des 20. Jahrhunderts hinein überlebte, in zahlreichen Schwänken und Zarzuelas. Dabei handelt es sich aber um einen anderen Tango. Der Tango, den wir kennen, scheint bei der Habanera in der Schuld zu stehen sowie bei der Milonga kreolischer Herkunft. Leute vom Land, Fuhrleute aus Luján, tanzten ihn Ende des 19. Jahrhunderts zwischen einer traurigen Cifra oder einer Milonga aus dem Süden und den Umzügen, den Pirouetten und dem Anbändeln eines Gato.

Es waren auch die Schlachter und Metzger der alten Viehställe, des damaligen Schlachthofes, die ihm zu Ruhm verhalfen, die in ihren Armenhütten und in den »schlechten Häusern«, den Bordells, erstmals nach seinem Ritus tanzten. Schöner klingt es, wenn Miguel A. Camino von der Geburt des Tango erzählt:

Er wurde in den alten Schlachthöfen geboren,
so etwa im Jahre 80.
Er war der Sohn der Milonga-Musik
und der gewaltsamen Vorstadt.
Zum Paten hatte er das Signalhorn
des Kutschers der Pferdestraßenbahn,
und die Duelle mit dem Messer
lehrten ihn tanzen.

Leute von den Schlachthöfen und aus den Gerbereien, Vorarbeiter und Metzger, Männer, die gerade erst ihre Arbeit als Gauchos aufgegeben hatten, um sich in der Stadt niederzulassen, waren es, die die Choreografien der ersten kleinen Tangos in den Erdboden der Innenhöfe zeichneten. Und dann die Gecken aus den Stadtteilen Mataderos, Pompeya und Puente Alsina, üble Kerle mit langer Mähne und flachem Zylinderhut, Messerstecher aus den Gefängnissen von Feuerland und Palermo. Die Umgebung von Letzterem, ein Gebiet, das von den Avenidas Las Heras, Alvear, Pueyrredón und Centro América, der heutigen Coronel Díaz, exakt begrenzt wird, war Schauplatz von Streit und Tapferkeit. Verwegene Gestalten aus dem heutigen Viertel Parque de los Patricios, Typen von der Müllhalde und aus Monserrat, die noch nach Candombe aussahen, sie alle hatten nun Beschäftigung: im Bordell und im Komitee irgendeines Lokalpolitikers, für den sie bei Wahlen auf Stimmenkauf gingen. Sie waren die ersten Tangotänzer.

Sie kamen in den Zelten von Santa Lucía zusammen, bei

den Volksfesten im Norden von Barracas, auf den Tanzdielen von Retiro, in der Nähe der Recova. Sie trafen sich dort mit Frauen, die sie fürs Tanzen bezahlen mussten. Zu Beginn des Abends kauften die Männer Marken, und für jeden Tanz, den die Frauen ihnen gewährten, konnten sich diese eine solche Marke in ihr Strumpfband stecken. Am Ende der Nacht tauschten sie die Marken gegen Bares ein. Sie waren aber noch nicht die Frauen der Liebe und der Leidenschaft, die später zu erinnerungswürdigen Tangos inspirieren sollten.

Damals, 1890, hatte das arme Volk, das sich gerade gegen die Regierung erhob, noch andere Sorgen. Ein Tango erinnert an die Tage der Revolution jenes Jahres. Sein Schöpfer ist ein Schwarzer namens Domingo Santa Cruz, Sohn eines Soldaten aus dem Paraguaykrieg (1864–1870), der der Truppe das Leben mit Milongas verschönt hatte. Sein Tango heißt *Unión Cívica* (Bürgerunion) zu Ehren der Aufständischen von 1890 – der Gründungsväter der heutigen Partei Radikale Bürgerunion – und des Mottos, das sie damals einte.

Politik und Lotterleben

Südlich von Barracas,
nördlich von Barracas –
mir gefällt es,
mit Schnitt zu tanzen,

lautet ein Text aus dem am Fluss gelegenen, armen Stadtteil Barracas aus dem Jahr 1900. Im Norden wie im Süden tanzte man mit Bewegungsschnitten und brüsken Richtungswechseln ähnlich denen eines Duells, und mit Schnitten brachte man sich auch um.

Es sei daran erinnert, dass im Süden von Barracas, wo heute

der Verwaltungsbezirk Avellaneda liegt, der spätere Präsident General Julio A. Roca 1880 die Provinztruppen besiegt hat. An der Brücke von Barracas unterwarfen die nationalen Streitkräfte die Truppe des Gouverneurs der Provinz Buenos Aires.

Es lebe die Sonne, es lebe der Mond,
Es lebe der größte der Sterne!
Sie sagen, dass Roca gewonnen hat.
An der Brücke von Barracas
Wars aus mit der Munition,

singen, auf die Theke gestützt, die Parteigänger Rocas.

Jene Jahre waren auch die wilde Zeit der Insel Maciel, als ein nur als P. B. T. bekannter Tänzer regelmäßig in das Amüsierlokal El Pasatiempo kam. Ein anderer Versammlungsort der Vorstadtmeute war das La Buseca, wo sich Eduardo Arolas als »Galan des Bandoneons« hervortat.

Die Mulattin Flora, die Barquinazo, die Langbeinige, die Flachbrüstige – das waren Anfang des 20. Jahrhunderts die Königinnen der Tanzböden. Sie besuchten regelmäßig die sogenannten »Häuser des Vertrauens« und tanzten Tango mit den Gecken des armen Flussufers. Sie prahlten nicht nur mit ihren Tanzkünsten, sondern auch damit, dass sie mit dem Messer umgehen konnten. Ungezähmte Messerstecherinnen wie sie lachten den Polizisten ins Gesicht und provozierten sie: »Schlag mich, und ich schlitz dich auf.« Ein Bericht aus jener Zeit hat die Grobheiten festgehalten: »Als Rosenda Pacheco, genannt die Drossel, einen jungen Mann der guten Gesellschaft Tango lehrte, wurde sie durch eine Gruppe herumlungernder Faulenzer unterbrochen und durch Worte und Handgreiflichkeiten herausgefordert, woraufhin der junge Mann in ihrer Begleitung mit Schlägen drohte, jedoch vergeblich. Die Eindringlinge, mit Messern bewaffnet, wollten sich daraufhin auf sie stürzen, aber die Drossel brachte sie davon ab, indem sie mit einem Messer beachtlicher Größe auf sie losging.«

Die Frauen übten in jenen ersten Jahrzehnten des Tango eine Art Matriarchat aus. Sie waren im wahrsten Sinne des Wortes Frauen vom Flussufer, denn sie besuchten die Bars und Freudenhäuser direkt am Río de la Plata sowie Die rote Laterne auf der anderen Seite des Riachuelo-Flusses, jenes Bordell, in dem die ersten pornografischen Filme gezeigt wurden. Flussufer-Frauen der Kontakthöfe, die mit ihren Klienten schäkerten, Habanera- und Milonga-Tänzerinnen waren sie, aber noch keine Musen des Tangos, der in seinen Anfängen frei von Schuldgefühlen und Tristesse war. Sie hörten Texte mit schelmischem oder obszönem Hintersinn oder sangen sie ihren Freiern vor:

Bartolo hatte eine Flöte
mit nur einem Löchlein
und seine Mutter sagte ihm
spiel die Flöte, Bartolo.

Von der Vorstadt ins Kabarett

Kaum war der Tango geboren, traten bereits die Nachtschwärmer und Schläger auf den Plan und verunstalteten ihn. Im Café de las Flores lärmten sie, wenn der Tango *El Esquinazo* (Versetzt) von Angel Villoldo gespielt wurde. Der Historiker und Tangotexter Francisco García Jiménez schreibt: »Seine Rhythmen passten sich an eine Begleitung durch regelmäßige Schläge an; die Jungs aus dem Viertel schlugen den Takt mit den Füßen auf dem Boden und mit den Fäusten auf dem Tisch, und die Serviererinnen des Cafés klopften mit den

Knöcheln auf ihre Tabletts. Diese strategischen Schläge machten *El Esquinazo* auch zum Lieblingslied der Unruhestifter ähnlicher Lokale, was zu einem beträchtlichen Verlust von Geschirr führte … und von Köpfen.« Denn für den Nachtschwärmer war die Fiesta ohne Krawall keine echte Fiesta. Das Streitsuchen, die Provokation begleiteten die Nacht. Theater und Kino haben dies festgehalten: Saufkumpane, die sich im Kabarett mit den Fäusten traktierten, die Stühle am Kopf des Nächsten zertrümmerten. Aber das wirkliche Drama begann auf dem Bürgersteig, wo sich die Schläger als die Herren der Straße fühlten. »Eine derart von Angriffslust aufgeladene Atmosphäre wie zu jener Zeit ist nur schwer vorstellbar«, erinnert sich der Schriftsteller Federico M. Quintana: »Es war normal, auf Typen zu treffen, die einen herausfordernd anschauten und sich drohend aufrichteten, wenn die Augen länger als unbedingt nötig auf ihnen ruhten. Die Bürgersteige schienen schmal angesichts der Art und Weise, wie sie sich ihrer bemächtigten, mit anmaßender Miene, bereit, unter dem nichtigsten Vorwand einen Streit vom Zaun zu brechen.« Das Benehmen und die Posen der Vorstadt wurden später von den feinen Pinkeln der Oberklasse kopiert.

Der schottische Schriftsteller R.B. Cunninghame Graham, der in Argentinien lebte, stellte als einer der Ersten fest, dass sich der Tango der Vorstadt am Flussufer in den Tango der Kabaretts verwandelte. Er hatte Ende des 19. Jahrhunderts gesehen, wie man ihn in einer Armenhütte tanzte, an der Biegung des uruguayischen Flusses Yi. 1914 erlebte er dann, wie man in Europa Tango tanzte, und war überrascht von der Veränderung. Der Tänzer ist nicht mehr länger der Gaucho, der sich zum Tänzchen die Sporen abnahm, sondern ein Herr im Smoking. Der einst spielerische Tango ist ernst, feierlich, sinnlich geworden. »Die Damen fanden ihn nun entzückend, schlossen die Augen, und vor Rührung zitterten unmerklich ihre

Lippen. Die Männer versicherten, dass er der einzige Tanz sei, der es wert ist, getanzt zu werden.«

Drei Jahre zuvor, 1911, druckte die Zeitschrift *Hogar* aus Buenos Aires ein paar Fotos der »eleganten Pariser Zeitschrift *Fémina*« ab, auf denen man elegante Männer und Frauen den Tango der Salons tanzen sah. »Wie man sieht«, so hieß es in dem Bericht von *Hogar,* »nehmen die aristokratischen Salons der wunderbaren Hauptstadt den Tanz mit Enthusiasmus auf, der, aufgrund seiner zweifelhaften Geschichte, hier in den Salons, in denen die einheimischen Tänze nie sehr beliebt waren, nicht einmal erwähnt wird. Schafft es Paris, das immer den Ton angibt, dass auch unsere Gesellschaft den argentinischen Tango akzeptiert?«

Als Spiegelbild Europas, von dem Argentiniens »gute Gesellschaft« abhängig war, nahm sie den verlorenen Sohn aus der Arbeiterklasse schlussendlich auf.

Tango und Lunfardo

Mit der Ankunft der Immigranten wurde der Lunfardo des Tangos um neue Wendungen und Metaphern bereichert. Wir finden darin beispielsweise Wörter, die aus der Zigeunersprache stammen, aus dem französischen Argot oder aus dem genuesischen Dialekt. Man hörte sie in der Mietskaserne, und sie mischten sich unter den Lunfardo, der sich von der Gefängnissprache zur in der Stadt verwendeten Sprache entwickelte. Dabei veränderte er sich, Wortbedeutungen verschoben sich. Er verbreitete auch seine Kenntnisse vom Lotterleben, und er reicherte sich mit den Erfahrungen aus der Arbeitswelt an.

So wird das Wort *mina,* das ursprünglich eine Frau bezeichnet, die man wie eine Goldmine ausbeuten kann, zum allgemein verwendeten Synonym für Frau. Ein Tango wie *El*

Ciruja (Der Müllsammler) von Ernesto Cruz und Francisco Alfredo Marino ist wegen seines ausgeprägten Lunfardo heute nur noch mit Erklärungen verständlich. Er erzählt von einer Frau, die auf der Müllhalde arbeitete, von Menschen, die der – wenn auch noch nicht weit zurückliegenden – Vergangenheit angehören und eine anachronistische Sprache sprechen, oder zumindest eine Sprache, die heute nur noch auf die Unterwelt beschränkt ist. Der Lunfardo der meisten Tangos dagegen ist viel familiärer. *El bulín de la Calle Ayacucho* (Die Bude in der Ayacuchostraße) von Celedonio Esteban Flores, zu dem José und Luis Servidio die Musik komponierten, ist dafür ein gutes Beispiel:

Die Bude in der Ayacuchostraße,
die ich einst in meinen frechen Zeiten gemietet,
Treffpunkt der Kumpanenclique,
die des Nachts zum Kartendreschen einfiel;
die Bude, wo so viele Jungen,
waren sie mal auf den Hund gekommen,
Brot und Bett fanden,
scheint verbiestert vor sich hin zu weinen.

Das ist Lunfardo, wie er zu Hause gesprochen wurde.

Man sollte unterscheiden zwischen diesem familiären Lunfardo und dem kryptischen Lunfardo der Gauner, der Knastsprache. Von Sprachpuristen wie von Vertretern der guten Sitten wurden beide abgelehnt. Und das von Anfang an, als man auch die »zänkische Sprache« der Anarchisten kritisierte, ihre Eindringlichkeit gegenüber dem Kapitalismus. Trotzdem benutzten die Anarchisten komischerweise in ihren Zeitungen und öffentlichen Aufrufen fast nie die Sprache des einfachen Volkes. Sie hielten sie für die Sprache von Kriminellen und Prostituierten, von Menschen ohne Klassenbewusstsein. Sie schufen öffentliche Bibliotheken, glaubten an die Kultur und bewiesen sich als strenge Richter des »Bordell-Tangos«. Die freche und bunte Sprache der Hafenarbeiter, der Eisenbahner, der Gelegenheitsarbeiter und der Schlachthofarbeiter, die sich ihren Reihen anschlossen, war bei den Sozialisten wenig angesehen und auch in deren Mitgliederzeitungen nicht zu finden.

Die Krise als Trödelladen

Der Tango erregte die Gemüter des Establishments, das in ihm die subversiven Elemente sah, die in der Gesellschaft verborgen waren. Das verwunderte nicht: Die Mittelklasse, die unter großen Anstrengungen die Mietskasernen verließ und sich Zugang zu Konsumgütern verschaffte, forderte ihren Platz in der Gesellschaft ein. Und mit ihr die Arbeiterschaft, die der Oligarchie, die sie immer noch als Pöbel bezeichnete, die Stirn bot.

1927 erlebte Enrique Santos Discépolo (1901–1959), einer der berühmtesten Tangokomponisten und -texter, eine Zeit großer wirtschaftlicher Schwierigkeiten. Diese waren offensichtlich der Auslöser für einen Tango, den er drei Jahre später schrieb: *Yira … Yira* (Sie dreht sich … sie dreht sich). Einerseits muss man für das Verständnis seine eigene Situation berücksichtigen und die, in der sich die argentinische Gesellschaft 1930 befand, die schließlich zu einem Staatsstreich führte: Der ultrarechte General José Félix Uriburu putschte am 6. September 1930 die gewählte Regierung von Hipólito Yrigoyen von der Radikalen Bürgerunion aus dem Amt, die die aufstrebende Mittelklasse vertrat. Andererseits wäre es gut zu wissen, welche Lektüre und intellektuellen Strömungen Discépolo in jenen Jahren beeinflusst haben, da sich sein philosophischer

Pessimismus bereits den deutschen Vorläufern des Existenzialismus nähert. Aber es kann natürlich sein, dass ein Mann aus Südamerika, der die Welt aus der Sicht des Tangos sieht, auch ein Philosoph ist, der sich, anstatt mit einem Essay mittels Musik und Text eines Tangos ausdrückt:

Wenn das Glück, diese Schickse,
dich genug anschmiert
und dann an die Luft gesetzt hat;
wenn du auf den Hund gekommen bist,
verzweifelt und ohne Ziel,
wenn du weder Glauben
noch gestern aufgegossnen
und an der Sonne wieder getrockneten Matetee mehr hast;
wenn du dir die Hacken abläufst,
um ein paar Pfennige
für ein Essen zusammenzukratzen,
dann wird dir die Gleichgültigkeit der ganzen Welt,
die taub ist und stumm,
soeben bewusst.
Dir wird klar, dass alles Lüge ist,
dir wird klar, dass nichts Liebe ist,
dass es die Welt nicht kümmert …
Sie dreht sich weiter!
Auch wenn dich das Leben zerbricht,
auch wenn dich ein Schmerz zerfrisst,
erwart niemals eine Hilfe
noch eine Hand noch einen Gefallen.

Dieses Wesen, das das Absurde der Welt als Gleichgültigkeit, Taubheit und Stummheit wahrnimmt, diese Existenz, die kein Echo kennt, keine menschlichen Beziehungen findet, gibt sehr gut die Ängste und Unsicherheiten eines Großteils der argentinischen Bevölkerung in den Dreißigerjahren des 20. Jahrhunderts wieder.

Cambalache (Trödelladen) handelt vom Aushöhlen der Werte inmitten des politischen und sozialen Chaos. In Discépolos berühmtesten Tango vereinigen sich seine Weltsicht und all seine Sorgen, die sich durch seine gesamte Dichtung ziehen. Er wird 1935 uraufgeführt, will heißen, inmitten der sogenannten »infamen Dekade« nach dem Staatsstreich von 1930, im Jahrzehnt der Unterdrückung, der Volksküchen, der armen Landstreicher, der Hungernden, die Lebensmittelläden stürmten und dabei »Wir wollen essen« schrien, des Wahlbetrugs und der gestohlenen Wahlurnen, des sich Durchwurstelns und der Korruption. Das war der Alltag, in dem Discépolo lebte. Das Übrige waren seine Wahrnehmung der Wirklichkeit und die Bilder, die er im Tango für die Wirklichkeit wählte.

Das Offensichtliche ist das Geniale: das herrschende Chaos mit einer willkürlichen Ansammlung von Dingen zu assoziieren, wie man sie in den Schaufenstern der Trödelläden sieht.

Genau wie in den respektlosen Schaufenstern
der Trödelläden,
hat sich das Leben vermengt,
verletzt von einem Säbel ohne Nieten,
siehst du die Bibel neben dem Boiler heulen.
20. Jahrhundert:
problembeladen, fieberkranker Trödelladen.
Der, der nicht weint, der frisst nicht,
und der, der nicht raubt, ist ein Depp.
Mach nur weiter: immer drauf!
Da unten im Ofen sehen wir uns wieder!
Hör auf zu denken, setz dich zur Seite,
ob du ehrlich geboren bist, interessiert niemanden.

Völlig egal, ob einer Tag und Nacht schuftet wie ein Ochse
oder auf Kosten der anderen lebt,
ob einer mordet, heilt oder vogelfrei ist.

Tango und Zensur

»Pius der Zehnte, Pius der Zehnte kann den Tango nicht sehn«, sangen die Gefängnisinsassen 1913. Denn die Behörden des Vatikans hatten diesen »lasziven Tanz«, der in Europa Furore machte, auf den Index gesetzt. Wenig später tanzte Casimiro Aín, genannt »El Vasquito«, der kleine Baske, den verbotenen Tanz vor Seiner Heiligkeit. Er gefiel Pius X., und er hob das Verbot auf.

Es war nicht das erste (und nicht das letzte) Mal, dass der Tango der Zensur die Stirn bieten musste.

Die Vierzigerjahre bildeten den Höhepunkt und das große Fest für den Tango. Es war die Zeit der Massentanzveranstaltungen, der typischen Orchester und ihrer Sänger, des Radios und einer hervorragenden Generation von Musikern und Dichtern, die Zeit Osvaldo Puglieses, Aníbal Troilos und Homero Manzis. Aber es war auch die Zeit der Zensur.

Durch den Staatsstreich von 1943 war mit Ramón S. Castillo ein nationalkonservativer Politiker abgesetzt und damit auch die politische Kontinuität vereitelt worden, die sein designierter Nachfolger Robustiano Patrón Costas verkörpert hätte. Die am Staatsstreich beteiligten Militärs (unter ihnen befand sich der junge Oberst Juan Domingo Perón) kümmerten sich nicht nur um die Politik, sondern stürzten sich auch auf die Analyse des Tangos. Einige von ihnen (oder ihre kulturellen Berater, an denen es nie fehlt) beschlossen, dass man die Tangotexte ändern müsse, die »vom schlechten Geschmack und vom Lunfardo verschandelt sind …«.

Das gefiel nicht allen. Eine Kommission von argentinischen Autoren und Komponisten, unter ihnen Enrique Santos Discépolo und Homero Manzi, unterhielt sich mit Oberst Perón und machte ihm unmissverständlich deutlich, dass sie sich jeder Art von Zensur widersetzte. Discépolo und Perón hatten sich in Chile kennengelernt, als Letzterer dort Militärattaché war. Discépolo erinnerte Perón daran, dass *Chorra* (Gaunerin), einer der zensierten Tangos, einmal sein Lieblingstango gewesen war. Und er erinnerte ihn auch daran, »dass man der Sprache kein Korsett anlegen kann«.

Einige Jahre zuvor war Perón einmal Zeuge der Selbstzensur geworden. Kein Geringerer als Carlos Gardel hatte dabei die Hauptrolle gespielt. Das Ganze lief so ab: Die beiden trafen sich im Hause von Alberto Barceló, dem konservativen Caudillo von Avellaneda. Gardel sang dessen Lieblingsvals: *Aurora.* Danach richtete sich Gardel an die Gruppe von Militärs, zu der auch Perón gehörte, und forderte sie auf, sich ein Stück zu wünschen. Daraufhin bat ihn Perón, er möge die Volksweise *Donde hay un mango?* (Wo ist die Kohle?) singen. Gardel senkte die Stimme und gestand ihm, dass er das Lied, bei dem es um einen korrupten und geldgierigen Mann geht, nicht singen könne, da er befürchte, den Hausherrn zu beleidigen.

Im Jahr des Staatsstreiches, 1943, machte Osvaldo Pugliese *La Yumba* bekannt. Das Wort Yumba, vom Autor erfunden, ist eine Lautmalerei, die den Rhythmus des Orchesters aufgreift, wenn es diesen Tango spielt. Im gleichen Jahr hatte Discépolos *Uno* (Einer) Premiere, dessen Musik Mariano Mores schrieb. Jenseits der Zensur, der Willkür und des politischen Hin und Her gelang es dem Tango in diesem Jahrzehnt, den Geschmack von Millionen von Menschen zu treffen. Nie gab es eine so enge Verbindung zwischen Textern, Komponisten, Interpreten und ihrem Publikum, das am Aufstieg des Tangos teilhatte. 1945 brachte Aníbal Troilo erstmals *María* auf die Bühne, mit einem Text von Cátulo Castillo. Dabei handelte es sich um einen typischen Tango der Vierziger, voller Energie, sehr lyrisch. 1948 vertonte Troilo dann im gleichen Stil das Gedicht *Sur* (Süden), von Homero Manzi: Bei der Uraufführung wurde es von Troilos eigenem Orchester gespielt und von Edmundo Rivero gesungen.

Der zeitgenössische Tango

Es dauerte, bis sich der Tango erneuerte. So wie die Musik des Komponisten und Leiters des Orquesta Típica, Julio De Caro, der Generation der Vierziger um zwei Jahrzehnte voraus war, kann die Musik, die Astor Piazzolla Ende der Vierzigerjahre schrieb, als zeitgenössisch und aktuell angesehen werden. Das Gleiche gilt für Horacio Salgán, dessen Werk die ganz jungen Komponisten ungemein beeinflusst, die heute auch den Klangreichtum der Milongas von Sebastián Piana wiederentdecken.

Jeder revolutionäre Wechsel ruft Widerstand von denjenigen hervor, die sich in ihrer Sicherheit bedroht sehen. Im Tango war Piazzolla das offenkundigste Signal für eine bevorstehende Veränderung. Er bekommt Widerspruch von allen Seiten: Für die Musiker vom Konservatorium ist er ein gewöhnlicher Tanguero, weil sie ihm nicht den Canyengue verzeihen, das Betonen einer Note durch einen Handschlag auf das Instrument. Für die Traditionalisten ist er ein Verräter, seine Musik avantgardistische Angeberei. Das war von Anfang an so. 1953 wurde seine *Sinfonía de Buenos Aires* uraufgeführt. Zu den Instrumenten des staatlichen Radio-Sinfonieorchesters kamen zwei Bandoneons, die Feile (die wie eine Grille klingt) und Handtrommeln. Das Werk wurde unter Tumult aufgenommen, mit Schreien, Applaus und Pfiffen, schließlich kam es sogar zu Handgreiflichkeiten.

Im gleichen Jahr führte Horacio Salgán zum ersten Mal *A fuego lento* (Auf kleiner Flamme) auf, mit einer sehr genauen rhythmischen Vorgabe: Der Tango scheint sich zu winden auf der Suche nach einer Definition, die er nie findet. Salgán schuf einen neuen Stil, eine eigene Form, ein Thema zu entwickeln, indem er es sucht und dann wieder fallen lässt, nach Art einer Fuge.

Zur gleichen Zeit machte auch Atilio Stampone, der in Argentinien und in Europa Musik studiert hatte, mit *Taconeando* (Tanzend) Furore. Es tauchten neue Musiker auf, die als die Generation von '55 bezeichnet werden. Dazu zählen neben anderen Eduardo Rovira, Rodolfo Mederos und Osvaldo Piro. In den Sechzigern nahm Piazzolla die Zusammenarbeit mit Horacio Ferrer auf. Neben den Gesang trat nun die Stimme des Rezitators. Ihre Tangooper, *María de Buenos Aires,* wurde von den Kritikern gut aufgenommen, aber das Publikum reagierte kühl, es brauchte Zeit, um das Neue zu akzeptieren. Mit Werken wie *Chiquilín de Bachín* (Knirps vom Restaurant Bachín) oder *Balada para un loco* (Ballade für einen Verrückten), 1969 erstmals von Amelita Baltar gesungen, sicherten sich die beiden schließlich doch noch die Gunst des Publikums.

Die Siebzigerjahre des 20. Jahrhunderts waren stark von der nationalen Rockmusik geprägt, die wiederum vom Tango beeinflusst ist. In den Balladen von Luis Alberto Spinetta und Litto Nebbia, in einigen Stücken von Fito Páez und Charly García und vor allem in den Liedern von Juan Carlos Baglietto verschmilzt der Tonfall des Tangos mit dem Rhythmus des Rock. Auch der Schlagersänger Chico Novarro wurde schließlich zum Tangoautor. Die Melancholie, die Rückkehr in die Kindheit und der Alltag sind die Themen der beiden Tangodichter Eladia Blázquez und Héctor Negro, die mit ihren modernen Texten die Siebziger prägten.

In den Sechziger- und Siebzigerjahren experimentierten die Choreografin Ana Itelman und der Dichter Fernando Gilbert mit der Musik von Astor Piazzolla, Eduardo Rovira und Atilio Stampone und schufen ein Musiktheater, das vom Tango ausgeht. 1989 komponierte Stampone *Discepolín,* zu dem der Verfasser dieses Beitrags den Text lieferte; 1990 tanzte Maximiliano Guerra *El reñidero* (Der Kampfplatz), eine Choreografie, die auf dem gleichnamigen Werk von Sergio de Cecco basiert. Im gleichen Jahr erschuf Julio López für den weltberühmten Balletttänzer Julio Bocca und das Ballet Argentino die Choreografie von *Dos Mundos* (Zwei Welten). 1983 brachten Claudio Segovia und Héctor Orezzoli mit *Tango Argentino* in Frankreich eine Show auf die Bühne, die, nachdem sie auf der ganzen Welt aufgeführt worden war, 1992 schließlich auch in Buenos Aires gastierte.

Zum Schluss möchte ich an einige Verse von Borges erinnern:

Der Windstoß Tango, diese Teufelei,
trotzt immer noch den überfüllten Jahren;
der Mensch, der Staub und Zeit ist, dauert kürzer
denn leichte Melodie, die nichts als Zeit ist.

Und an den Moderator von Tangoveranstaltungen in meinem Stadtviertel, der nach seiner Einleitung zu sagen pflegte: »Schluss mit dem Geschwätz. Tanzt, Leute, das Leben ist kurz!«

Gardel, die Nachtigall der Pampa

Julio Cortázar

Bis vor einigen Tagen konnte mir mein Fenster zur Rue Gentilly als einzige Erinnerung an Argentinien einen vorbeiziehenden Spatz herbeischaffen, der genauso ist wie die unseren, so fröhlich, sorglos und faul wie die, die in unseren Brunnen baden oder im Staub unserer Plazas herumwirbeln.

Nun haben mir einige Freunde ein Grammofon und einige Schallplatten von Gardel überlassen. Man begreift sofort, dass man Gardel aus einem Grammofon hören muss, mit so viel Verzerrung und Klangverlust, wie man sich nur vorstellen kann; aus dem Grammofon kommt seine Stimme, wie sie das Volk kannte, das ihn nicht persönlich hören konnte, und wie sie aus den Hauseingängen und den Sälen des Jahres '24 oder '25 drang. Gardel-Razzano, damals: *La cordobesa* (Die Frau aus Córdoba), *El sapo y la comadreja* (Die Kröte und das Wiesel), *De mi tierra* (Aus meinem Land). Und auch seine Solostimme, hoch und voller Triller, mit dem Rasseln der metallischen Gitarren aus der Tiefe der grünen und rosa Schalltrichter: *Mi noche triste* (Meine traurige Nacht), *La copa del olvido* (Das Glas des Vergessens), *El taita del arrabal* (Der Gauner aus der Vorstadt).

Um ihn zu hören, scheint sogar das vorausgehende Ritual des Aufziehens des Grammofons und das Richten seiner Nadel notwendig. Der Gardel der elektrischen Plattenspieler ist der des Glanzes, des Kinos, der Berühmtheit, die ihm Verzicht und Verrat abverlangten. Es war vor jener Zeit, in den Innenhöfen zur Stunde des Mate, in den Sommernächten, in den Radios mit Kristalldetektor oder unter den ersten Glühbirnchen, dass er wahrhaftig er selbst war und die Tangos sang, die ihn ausmachen und sich ins Gedächtnis eingeprägt haben. Die jungen Leute ziehen den Gardel von *El día que me quieras* (Der Tag, an dem du mich liebst) vor, die großartige Stimme, von einem Orchester unterstützt, wodurch sie einen kehligen Klang bekommt und lyrisch wird. Wir, die mit den ersten Schallplatten groß wurden, wissen, wie viel *Flor de fango* (Sumpfblüte), *Mi Buenos Aires querido* (Mein geliebtes Buenos Aires), *Mi noche triste* (Meine traurige Nacht) oder *Sus ojos se cerraron* (Ihre Augen schlossen sich) dadurch verloren haben. Darin spiegelt sich eine Wende in unserer Moralgeschichte, wie in so vielen anderen Veränderungen auch.

Der Gardel der Zwanzigerjahre verkörpert den in seiner kleinen, ihn zufriedenstellenden Welt gefangenen Porteño und verleiht ihm Ausdruck: Kummer, Verrat, Elend sind noch nicht die Waffen, mit denen verbitterte und frustrierte Hauptstädter und Provinzler vom darauffolgenden Jahrzehnt an angreifen werden. Eine letzte und prekäre Reinheit bewahrt den Hörer noch vor dem Dahinschmelzen der Boleros und des Radiotheaters. Zu Lebzeiten Gardels existiert noch nicht, was nach seinem Tod spürbar wird. Er erweckt Zärtlichkeit und Bewunderung, wie Legui oder Justo Suárez; er schließt und erfährt Freundschaft, ohne die trüben erotischen Beweggründe, die den Ruf der tropischen Sänger ausmachen, welche bei uns gastieren, oder die pure Lust am schlechten Geschmack und an der nachtragenden Gemeinheit, die den Erfolg eines Alberto Castillo erklären.

Wenn Gardel einen Tango singt, drückt sein Stil den des Volkes aus, das ihn liebte. Die Trauer oder die Wut, von der

Frau verlassen worden zu sein, sind konkrete Trauer oder konkrete Wut, die auf Juana oder Pepa zielen, und nicht dieses verallgemeinernde, aggressive, falsche Getue, das man unschwer in der Stimme des hysterischen Sängers dieser Zeit ausmachen kann, der so gut zur Hysterie seiner Hörer passt. Der Unterschied zwischen dem moralischen Ton von *Lejano Buenos Aires, qué linda que has de estar!* (Entferntes Buenos Aires, wie schön musst du sein!), wie Gardel es sang, und dem jaulenden *Adios, pampa mía* (Adios, meine Pampa) von Castillo zeigt den Charakter der gesellschaftlichen Wende, die ich erwähnt habe. Nicht nur die großen Künste spiegeln die Entwicklung einer Gesellschaft wider.

Ich höre einmal mehr *Mano a mano* (Von Hand zu Hand), den ich jedem anderen Tango und allen anderen Aufnahmen Gardels vorziehe. Der Text, die unbarmherzige Bilanz einer Frau, einer Prostituierten, enthält in wenigen Strophen eine ganze Lebensgeschichte und die unfehlbare Vorhersage des Niedergangs. Sich vor diesem Schicksal verbeugend, das er für einen Moment teilte, drückt der Sänger weder Wut noch Groll aus. Verbiestert in seiner Traurigkeit, denkt er an sie zurück und stellt fest, dass sie in ihrem Paria-Leben nur eine gute Frau gewesen ist. Auch wenn er dabei seinen Ruf riskiert, verteidigt er bis zum Schluss nur die Ehrlichkeit, die seine alte Freundin auszeichnete. Und er wünscht ihr das Beste, hält an seinem Urteil über sie fest:

Und (möge) der Verehrer, der dich aushält,
ein dauerhaftes Vermögen haben,
und du der Schaumschlägerei
protziger Luden nicht aufsitzen,
und die Jungen bei deinem Anblick sagen:
Was für eine gute Frau.

Vielleicht mag ich diesen Tango besonders, weil er das genaue Maß ist für das, was Gardel repräsentiert. Wenn seine Lieder alle Register des Gefühlslebens des Volkes enthielten, von der unabänderlichen Verbitterung bis zur Freude am Singen um des Singens willen, von der Siegesfeier beim Pferderennen bis zum Bericht über einen Erfolg der Polizei, so ist die Mitte, an der sich auf ewig seine Kunst beweist, eben dieser fast kontemplative Tango, der von einer Gelassenheit ist, wie wir sie wohl für immer verloren haben.

Obwohl dieses Gleichgewicht schwer zu erlangen war und das Überschäumen von niedrigen Gefühlen und traurigem Humor erforderte, wie sie heute aus den Lautsprechern und von den Schallplatten kommen, so gelang es Gardel trotzdem, den höchsten Moment der Kunst zu erreichen, für viele von uns endgültig und unwiederbringlich. In seiner Stimme eines Compadre Porteño (Gevatter aus Buenos Aires) kommt ein Argentinien zum Ausdruck, das nicht mehr leicht heraufzubeschwören ist.

Ich möchte mich mit zwei Anekdoten verabschieden, die ich für schön und treffend halte. Die erste richtet sich an die Musikkritiker mit steifem Kragen, in der Hoffnung, dass sie ihnen zur Lehre gereicht. In einem Restaurant der Rue Montmartre, zwischen einigen Portionen Muscheln in Weißweinsauce, sprach ich mit Jane Bathori über meine Liebe zu Gardel. Ich wusste damals, dass der Zufall die beiden einmal auf einer Flugreise zusammengeführt hatte. »Und was halten Sie von Gardel?«, fragte ich sie. Bathoris Stimme – diese Stimme, die seinerzeit das Beste von Debussy, Fauré und Ravel gesungen hat – antwortete mir gerührt: »Er war charmant, ganz und gar charmant. Es war ein Vergnügen, mit ihm zu plaudern.« Und dann fügte sie noch ernst hinzu: »Und diese Stimme!«

Die andere Anekdote schulde ich Alberto Girri, und sie scheint mir die Bewunderung unseres Volkes für seinen Sänger perfekt wiederzugeben. In einem Kino in einem südlichen Stadtviertel, in dem *Cuesta abajo* (Bergab) vorgeführt wird, wartet ein Porteño mit einem Tuch um den Hals auf Einlass. Ein Bekannter ruft ihm von der Straße aus zu: »Gehst du ins Kino? Was wird denn gespielt?« Und der andere, seelenruhig: »Sie zeigen einen Film mit dem Stummen* …«

* »Der Stumme« ist der beliebteste Spitzname Gardels

Die ätzende Schläue

Marcos Aguinis

Was als kreolische Schläue bekannt ist, ist tatsächlich die argentinische Schläue, die in allen Schichten und im ganzen Land häufig vorkommt, auch wenn sie zunächst vor allem in Buenos Aires anzutreffen war. Wer sie nicht kennengelernt oder unter ihr gelitten hat, dem mag der Begriff wenig sagen. Hinter der kreolischen Schläue verbirgt sich sowohl Geschick als auch Schäbigkeit. Sie spielt mit Zweideutigkeiten, sie bringt zum Lachen und zum Weinen, einerseits verhilft sie zu Würde, andererseits demütigt sie.

Die offizielle Geschichtsschreibung hat uns gelehrt, das Wort »kreolisch« zu idealisieren. Der Alltag lehrt uns die Idealisierung der Schläue. In der kreolischen Schläue haben sich zwei Wörter vereint, um ein Laster hervorzubringen, das allzu lange als Tugend angesehen wurde. Ich habe dieses Laster schon oft gegeißelt, und ich komme nicht umhin, erneut darauf einzudreschen, wegen des großen Schadens, den es uns zufügt.

Die kreolische Schläue ist lustig, man kann über sie lachen. Aber ihr Humor ist schwarz. Ihre Wirkung ist unsozial, sie ruft Unwillen hervor und unterbindet den zwischenmenschlichen Respekt. Ihre Folgen sind langfristig gesehen tragisch. Nicht nur auf dem Gebiet der Moral, sondern in jeder Hinsicht, sogar in ökonomischer. Sie stellt eine Selbstverherrlichung dar, die auf tönernen Füßen steht, ein Streben nach Überlegenheit auf Kosten des Nächsten und einen Energieaufwand, der zu nichts führt. Wir müssen lernen, ihren geschickten Finten auf die Spur zu kommen. Und noch besser wäre es, wenn wir sie auszumerzen lernten. Sie hat die Kraft der Pest. Und hat uns schwer verwundet.

Schauen wir sie uns näher an.

Sie fing freundlich an und wurde beispielhaft dargestellt in dem berühmten Werk eines anonymen Autors mit dem Titel *El Lazarillo de Tormes* (Der kleine Blindenführer von Tormes). Darin konzentriert finden wir, charmant erzählt, alles über Spaniens Schelme. Die Hauptfigur des Buches steckt Demütigungen ein, um eine Mahlzeit oder einen Platz zum Schlafen zu ergattern. Der kleine Blindenführer findet später im fernen Argentinien seinen Nachahmer.

Dieser wechselte nicht nur den Namen, sondern auch die Kleider und das Benehmen. Er beschränkt sich nicht mehr nur auf die Streiche, von denen der Roman erzählt, der um 1554 in Burgos das Licht der Welt erblickte. Der argentinische Nachfolger des Schelms von Tormes ist ein Tausendsassa, der nicht nur Essen und Unterkunft sucht, sondern weit größere Ambitionen hat, denn er hält sich für den Nabel der Welt. Wenn ihm etwas nicht gelingt, trägt ein anderer die Schuld. Niemals gibt er eine Schwäche zu, eine Niederlage verkraftet er nicht. Er behauptet, alles zu wissen und alles zu können. Er ist Nietzsches Übermensch oder der Supermann aus dem Comic. Er verfügt über so außerordentliche Fähigkeiten, dass er jede Aufgabe meistert und jede Arbeit annimmt, so schwierig sie auch sein mag. Kein Hindernis trotzt seinem Scharfsinn. Er hat Erfindungsgabe, ist schnell und clever. Wenn man ihn für eine hohe Position auswählt, denkt er nicht eine Sekunde an die Schwierigkeiten, die diese Funktion mit sich bringt, daran, dass es ihm an Übung oder an jeglicher Eignung fehlen könnte. Im Gegenteil, er wird alle Warnungen in den Wind schlagen und entgegnen, dass es bei der Auswahl nur gerecht zuging.

Die kreolische Schläue wurde in Buenos Aires geboren. Der Rest des Landes machte sie sich erst zu eigen, als sich ihre Heldentaten herumsprachen. Wer sich darin übt, wird Vivo genannt, der Vivo von Buenos Aires und später der Vivo jedweder anderen argentinischen Ortschaft. Die Sprache veränderte sich mit seinem Auftauchen, denn das Wort »Vivo«, das ursprünglich nur »lebendig« bedeutete, beinhaltet seitdem auch die Streiche, die der Vivo spielt. Den Rest der Menschheit – einfältige Wesen, die die Degenstöße des Vivo erleiden und unfähig sind, sie zu parieren – nennt man Zonzos oder Giles, Dummköpfe oder Blödmänner. Für sie hat man reichlich eindringliche Ratschläge parat: »Sieh zu, dass du wach wirst.« Oder die milde Diagnose: »Endlich wirst du wach.«

Die Bedeutungserweiterung schritt schnell fort. Der Vivo brachte muntere Synonyme hervor, von denen viele in den Lunfardo – den Dialekt, der seine Wurzeln im Zusammenspiel der europäischen Immigranten, Gauchos, Indios und der kreolischen Einwohner von Buenos Aires hatte und der in den unteren sozialen Schichten gesprochen wurde – und in viele Tangotexte Eingang fanden: Herumtreiber, Schlaukopf, Schlaumeier, Draufgänger, Blitzgescheiter, Frühaufsteher oder Hansdampf. Jedes dieser Wörter half, das Bild vom unschlagbaren Triumphator zu vervollständigen. Der Vivo ist ein Mensch, der sich mit ausgefahrenen Antennen und einem wendigen Körper bewegt und der sich sicher ist, den Gegner früher auszumachen, als der es vermutet, und ihn vor allem außer Gefecht zu setzen, ohne dass der es auch nur merkt.

Die Erfahrung hat ihn gelehrt, dass der Schnellste gewinnt. Wie niemand sonst hält er sich an das Motto, dass der Angriff zur rechten Zeit die beste Verteidigung ist. »Morgenstund hat Gold im Mund« ist sein Motto. Das bedeutet aber nicht, dass er im Morgengrauen sein Tagwerk beginnt oder Überstunden macht. Er ist vielmehr der Ansicht, dass es durch frühes Aufstehen auch nicht früher hell wird. Früh aufstehen bedeutet für ihn, andere zu überrumpeln, als Erster zuzuschlagen, sich die Lähmung des Gegenübers zu sichern, damit dieses nicht zurückschlägt, denn »wer andere nicht ärgert, wird selbst geärgert«.

Wird er in flagranti erwischt, weiß er, wie er den Kopf aus der Schlinge zieht, eine der Fähigkeiten, die er am besten beherrscht. So gut, dass »seine Hände in Unschuld waschen« lange ein Synonym für »Argentinier« war.

Ich glaube, nur selten zuvor wurde der Name eines Volkes durch seine eigenen Bürger auf derartige Weise beschmutzt. Eine Schande ist das.

Der Vivo begeht seine Untaten und macht dabei ein Engelsgesicht. Er muss sich über jemanden lustig machen, und diese Person nennt er Punto.

Sein tägliches Vergnügen ist das Austeilen, und oft erreicht er dies, ohne dass sein Opfer davon etwas merkt. Er wählt es mit bewundernswerter Präzision aus. Sein Spürsinn wittert Puntos, die sonst niemand wahrnimmt. Und er trifft sie mit seinen Pfeilen, bevor sie überhaupt merken, dass jemand auf sie zielt. Denn seine Angriffe machen sich den Überraschungseffekt zunutze, und er nimmt sie aus der Deckung vor, sodass seine Opfer den Angriff nicht erwidern können. Um sein Ziel zu erreichen, ist alles erlaubt: lügen, die Schwächen des anderen ausnutzen oder ihn lächerlich machen. Der Vivo glänzt auf Kosten der Ohnmacht des Dummkopfes. Sein Schlag macht den Gegner fertig, ohne ihm eine Chance zum Gegenangriff zu lassen.

Der Vivo braucht seine Fans, sein Publikum, das seine Scherze feiert. Er will, dass man ihm zuschaut und applaudiert und ihn bewundert. Der Vivo spielt, als wäre er auf einer Bühne. Er spielt pausenlos. Er lebt nicht, er stellt dar. Er ist ein Meister der Täuschung, die er in raffinierte Verführung verpackt.

Der Vivo hat uns Argentinier so in sich verliebt gemacht, dass ein Mangel an Talent einer Behinderung gleichkommt. Wer kein Vivo ist, ist ein Dummkopf oder ein Naivling. Und in der Folge wird jeder Dummkopf am Versuch verzweifeln, zu beweisen, dass er kein solcher ist. Die Mitglieder des Fanklubs sind die Richter, die immer wieder laut jubeln, wenn der Vivo sein Opfer besiegt. Es handelt sich dabei um eine moderne Version des römischen Zirkus, allerdings fließt kein Blut. So ist es gut nachvollziehbar, wie unerträglich es ist, in Argentinien zu den Dummköpfen zu gehören, seit der Vivo mit seinen unwiderstehlichen Verführungskünsten auf der Bildfläche erschienen ist. So unerträglich, dass man lieber auf Moral verzichtet. »Sie haben mich wegen Diebstahls, aber nicht wegen Dummheit ins Gefängnis gesteckt«, lautet ein übliches Geständnis.

In Spanien wurde folgender Bericht eines typischen Vivo veröffentlicht:

Argentinier reist nach Spanien,
Argentinier lernt Spanierin kennen,
Argentinier bringt Spanierin dazu, sich in ihn zu verlieben,
Argentinier lebt von Spanierin,
Argentinier verwaltet Gehalt der Spanierin,
Argentinier verschwindet.
Spanierin bleibt zurück – schwanger, ohne Schmuck, ohne Möbel, mit roten Zahlen, überfälligen Rechnungen und einem wegen hundert Anrufen nach Rosario stillgelegten Telefon.

Wer sich ungerechtfertigt Vorteile verschafft, ist ein Mensch ohne Skrupel. Und dem ist es egal, wenn der Gewinn illegal ist. Gewinn bleibt Gewinn.

Viele Argentinier haben unseren Ruf im Ausland durch viele kleine Gaunereien verschlechtert: Sie klauen nicht nur Aschenbecher im Restaurant oder Bestecke im Flugzeug, sondern nehmen auch die Handtücher im Hotel mit oder lassen an Kiosken etwas mitgehen. Der Gewinn ist minimal, aber groß die Lust, etwas Verbotenes zu tun. Es ist eine Art Entschädigung für erlittene Ungerechtigkeiten, an die man sich nicht einmal mehr erinnert.

Manchmal kam es noch schlimmer, etwa, wenn Argentinier, die im Exil lebten, versuchten, umsonst nach Hause zu telefonieren. Dann wurde so mancher zu Delikten getrieben, bei denen es nicht mehr um Kleinigkeiten ging: Viele brüsteten sich damit, fremde Kreditkarten bis zum Limit ausgeschöpft, Telefone angezapft und Bürgen hängen gelassen zu haben. Daraus resultiert der folgende Witz: »Wie schafft man es, 2500 Argentinier zu einer Telefonzelle zu lotsen?« – »Ganz einfach: Man sagt einem von ihnen, dass man von dort aus gratis nach Buenos Aires anrufen kann.«

Gehen wir nun der Sache auf den Grund.

Und da kommt ein wesentlicher Charakterzug zum Vorschein: Der Vivo glaubt nicht an die Gerechtigkeit. Der Soziologe Julio Mafud hält ihn für einen perfekten Atheisten, weil er an nichts glaubt. Er ist übertrieben skeptisch und pessimistisch. »Das Einzige, woran er glaubt (wenn er überhaupt an etwas glaubt), ist er selbst.« Er scheint viele Ideen zu haben, aber er riskiert nichts dafür. Er verachtet das Gesetz, ja mehr noch: Das Gesetz muss man seiner Meinung nach wie ein Hindernis umgehen, oder man muss es an der Nase herumführen. Immer! Der Betrug regt ihn nicht auf, denn er ist eines der Hilfsmittel, auf die er am häufigsten zurückgreift. Für den Vivo ist Ehrlichkeit ein leeres, naives, archaisches Wort. Auf die gleiche Weise wertet er die Offenheit ab: Niemals würde er einem anderen Menschen offenbaren – ja nicht einmal sich selbst –, dass ihm etwas zugestoßen ist oder dass es ihm schlecht geht; und er ist sich sicher, dass sich die anderen ihm gegenüber genauso verhalten. Die Welt ist eine Spielhölle voller Fußangeln. Unsere Mitmenschen sind nicht da, um uns zu helfen; sie sind vielmehr potenzielle Feinde, die bei der kleinsten Unachtsamkeit zum Prankenhieb ansetzen. Deshalb besteht die kreolische Schläue genau darin, ohne Rücksicht auf das Gesetz anzugreifen und dem Opfer keine Chance zum Gegenschlag zu geben.

Der Vivo zeigt Intelligenz, Wissen, Brillanz, und er versteht sich aufs Verführen. Aber er stützt sich auf Unredlichkeit, Betrug und Unmoral. Er bewegt sich am Rande der Psychopathie. Tatsächlich ist es der Vivo selbst, der unter der ewigen Angst leidet, sich lächerlich zu machen oder eine Niederlage zu erleiden. Deshalb bleibt er immer wachsam und lässt keine Gelegenheit verstreichen, um allen zu beweisen, dass er ein Siegertyp ist.

Wie besessen will er zeigen, dass er ein richtiger Mann ist, ein Macho, Verführer und Führer. Er will die Nummer eins sein, der Beste. Deshalb legt er sich die Rüstung des Ritters an, der niemals verliert. Er bittet nie um Entschuldigung, er irrt sich niemals. Normalerweise greift er nicht auf physische Gewalt zurück, aber wenn die Umstände ihn dazu zwingen – schließlich will er keine Schwäche zeigen, das wäre eine Todsünde –, muss er brüllen und drohen, und er würde sich sogar in eine Schlacht werfen, bei der er ordentlich Schläge einstecken müsste, damit bloß niemand glaubt, ihm fehle es an Testosteron. Auch wenn er sich vor Schmerzen krümmt, wird er es vermeiden, Tränen zu vergießen, denn »Weinen ist etwas für Schwuchteln«.

Der Vivo ist ein Mensch, der dringend Triumphe braucht. Er ist nicht erfolgreich, sondern er lebt für den Erfolg. Das gilt für weite Teile unserer Gesellschaft. Wer für den Erfolg lebt, leidet an Beklemmungen und versucht, diese durch »Fast Food« für sein Selbstwertgefühl zu bekämpfen; er gibt sich mit

Krümeln zufrieden, denn warten kann er nicht. Der Erfolgreiche dagegen kann die Befriedigung zurückstellen, investiert Anstrengung, hat Selbstvertrauen und strebt nach einem besseren Ergebnis. Der Vivo aber sucht kurzfristige Vorteile. Er sammelt kleine Gewinne, und es gelingt ihm auch nicht, diese gegen einen großen Gewinn einzutauschen. Die Lösungen, die er für seine Bedürfnisse findet, sind nicht die Lösung. Er nimmt dafür Schmeicheleien von seinen Fans entgegen, eine flüchtige Ovation für einen kleineren Erfolg zwar, aber kaum Balsam für sein schwaches Ego. Er möchte ein unbesiegbarer Krieger sein, ein großer Herr, aber er ist nur ein Winzling, der seine Ohnmacht verstecken muss.

Der Vivo ist außerdem voller Ressentiments. Sein bisschen Ruhm erreicht er durch das Unglück seines Nächsten. Er erfreut sich an der Erniedrigung des anderen, des armen Punto, weil er die eigene Demütigung umgangen hat, die er verdient hätte, weil er unfähig und falsch ist, eine Demütigung, vor der er Angst hat. Auch wenn er es leugnet, weiß er, dass er weder ein großer Herr noch ein unbesiegbarer Krieger ist. Er ist nur ein mittelmäßiger Schauspieler, der mit einem Spielzeugsäbel rasselt. Seine Angst, sich lächerlich zu machen, rührt aus seiner Panik vor der Demaskierung. Deshalb sind ihm auch die Leiden der übers Ohr Gehauenen, der von ihm von ihrem Platz Verdrängten und Betrogenen gleichgültig. Die einzige Person, die nie zurückgesetzt oder besiegt werden sollte, ist er selbst. Das wäre sein Untergang.

Vom jahrhundertealten spanischen Schelmentum und der unter den Rittern üblichen Ideologie erbte er seine Verachtung für jedwede Anstrengung. »Der Vivo lebt vom Blödmann und der Blödmann von seiner Arbeit«, wiederholt er für sein erbärmliches Gewissen.

Die Zauberei der Schläue spielt ihm Geld in die Hände, ohne dass er sich mit harter Arbeit quälen muss. So dachten die Ritter, und so denken Generationen von Nachfahren. Die Schläue hat bedauerlicherweise strukturellen Charakter.

Während der Jahre der Eroberung und der Kolonisierung war Amerika für seinen Überfluss an Gold und Silber berühmt. Man konnte das Vermögen von der Straße sammeln. Oder es den Indios wegnehmen. Im Guten, wenn die Sache einfach war, oder im Bösen, wenn es kompliziert wurde. Es war nicht nötig, sich auf das Niveau der Dienerschaft oder der Sklaven herabzulassen, denn das war eines Ritters nicht würdig. Sein heimliches Motto lautete: »Man muss nichts produzieren, sondern sich die Produkte aneignen.« Und dafür muss man nicht arbeiten, sondern schlau sein, eben ein Vivo. Die Geschichte kennt dafür Beispiele en masse.

Allerdings lässt die Geschichte nicht immer klar erkennen, wer der Täuschende und wer der Getäuschte ist. Beide stammen von Eroberten und Eroberern ab, von Kreolen, Mestizen und Immigranten. Es gab genug soziale Mobilität, sodass der Getäuschte zum Täuschenden werden konnte und umgekehrt. Demnach kann eine Person verschiedene Rollen übernehmen, aber die Rollen existieren immer und sind klar definiert.

Drehen wir nun die Schraube weiter.

Die Demütigungen, die Vivos zufügen, müssen wir nicht notwendigerweise am eigenen Leibe erlitten haben, um ihre Wirkungen zu kennen: Um sie zu fürchten, reicht es, wenn sie anderen zugefügt wurden. Die systematische Verletzung der Gesetze, die man im lateinamerikanischen Entwicklungsprozess feststellen kann, öffnete die Schleusen für zahllose Ungerechtigkeiten. Betrug war und ist gängige Münze. Die Institution der Encomienda beispielsweise war ein gigantischer Schelmenstreich, weil die Encomenderos, die von der spanischen Krone eingesetzten Statthalter, ihre Verpflichtungen gegenüber Indios und Mestizen vergaßen und sich lediglich damit begnügten, ihnen die Früchte ihrer Arbeit zu rauben. Und viele ihrer Nachkommen – politische Führer, Großgrundbesitzer und Chefs – setzten dies fort. Diese Demütigungen waren durch die uralte – und bis heute anhaltende – Geringschätzung gegenüber Andersartigen (Minderwertigen) legitimiert, seien es Indios, Mestizen, Kreolen, Schwarze oder Immigranten. Sie alle sah man als Puntos an, als Punto-Kandidaten oder als bewundernswerte Blödmänner. Die ständige Beleidigung verursachte zunächst Groll. Bis dann die Ohnmacht angesichts der Demütigung und der Geringschätzung in Wut umschlug. Das Ergebnis ist schrecklich: Es leiden die unten, das stimmt, aber auch die oben, in Erwartung des rachsüchtigen Blicks. Der Vivo fürchtet die Vergeltung und bemüht sich verzweifelt, seine Heldentaten zu wiederholen, bevor man ihn seines Vorteils beraubt, was für ihn eine Tragödie wäre.

Daraus folgt: In Argentinien ein Vivo zu sein, heißt auch, immer ein Vivo zu bleiben.

Aufgeblasene Menschen müssen sich verteidigen, ihre Erbärmlichkeit leugnen. Dafür müssen sie aufs Geratewohl Degenstöße austeilen. Vor allem müssen sie vermeiden, dass die Strafe sie trifft, denn das Leben selbst hat ihnen bereits unzählige Wunden zugefügt. Vivo zu sein heißt schlussendlich, ein Scharmützel anzurichten, ohne Personenschäden zu beklagen, sei es jetzt oder in der Zukunft. Es stimmt, der Feind wird nicht liquidiert, aber doch belästigt. Tatsächlich will der Vivo ihn nie gänzlich vernichten, sondern ihn nur zum eigenen Vorteil benutzen, um den Applaus seiner Fans zu genießen, um sich besser zu fühlen. Die Scharmützel blenden ihn, lassen ihn annehmen, dass es keine Ohnmacht gibt und dass seine Minderwertigkeit nur scheinbar ist.

Es drängt sich eine Klarstellung auf: Dass wir den Vivo genau untersuchen und verstehen wollen, heißt nicht, dass wir ihn rechtfertigen.

In Argentinien hat das »Sich-Ankleben« enorm zugenommen. Es ist fast zu einer Institution geworden, dass man sich überall hineindrängt, ein Pokerface aufsetzt und sich dort niederlässt, wo man nicht hingehört, sei es in einer Schlange, auf einem Fest, im öffentlichen Nahverkehr, in einem Club, an einem Ort, an dem schon kein Platz mehr frei ist, und so weiter. Die Vivos drängen sich rein. Immer.

Es gibt dazu eine Anekdote. In einem großen Festsaal verschafften sich ständig so viele »Ankleber« Einlass, dass sein Besitzer, ein Ausländer, der sich nichts gefallen ließ, einen Experten zu Hilfe zog, der sie aufspürte und auf die Straße setzte. Er bestellte ihn zu sich.

»Ich brauche jemanden, der mir diese Vivos herausfischt.«

»Ich bin der Beste am Ort, bei aller Bescheidenheit, verstehen Sie?«

»Was verlangen Sie?«

»Tausendzweihundert pro Abend.«

»Sie sind sehr teuer!«

»Ja, ich bin teuer, aber der Beste.«

Der Unternehmer nahm ihn mit Zähneknirschen unter Vertrag.

Am gleichen Abend füllte sich der Saal mit mehr Leuten als erwartet. Plötzlich wurde die Musik unterbrochen, und der Experte erschien auf der Bühne. Ruhig und selbstsicher ergriff er das Mikrofon.

»Meine Damen und Herren, ich wünsche Ihnen einen guten Abend! Mein Auftritt wird sehr kurz sein. Ich bitte alle Anwesenden, die Freunde des Bräutigams sind, auf die rechte Seite des Saals zu treten.«

Etwa dreißig Leute liefen auf die rechte Seite.

»Danke sehr! Nun bitte ich alle, die mit der Braut befreundet sind, sich auf die linke Seite des Saals zu begeben.«

Unter Gerede und Getuschel bewegte sich eine andere Gruppe auf die linke Seite.

»Sehr gut. Vielen Dank. Nun: Sowohl die Mitglieder der Gruppe auf der rechten als auch die auf der linken Seite, scheren Sie sich sofort zum Teufel! Dies hier ist eine Taufe!!«

Die große Einwanderungswelle führte dazu, dass immer mehr von der Schläue Gebrauch gemacht wurde. Die Immigranten waren Ziel unendlich vieler Gaunereien. Sie wurden nicht gleich reich, wie es ihnen ihre eigenen Träume oder skrupellose Beamte versprochen hatten. Die schönen Worte der Verfassung waren eine Sache, die harte Wirklichkeit eine andere. Die Türen waren offen, damit sie kommen und arbeiten konnten. Aber nur als billige Arbeitskräfte. Man gab ihnen kaum Land, denn das Land war bereits verteilt. Sarmiento war empört: So wie unsere politische Elite einerseits großzügiger als die der Vereinigten Staaten bei der Aufnahme von Ausländern war, war sie anderseits schäbig und schlecht beraten bei der Landvergabe. Die Immigranten taten sich dadurch schwer, Fuß zu fassen, ihre Arbeitsmoral sank, und ihr Verantwortungsgefühl wurde untergraben.

Die Schläue wurde zum Sport. Man fing an, Briefkästen und Straßenbahnen zu verkaufen. Während einer der vielen Heuschreckenplagen erfand jemand einen überaus billigen und effizienten Apparat, um die Insekten zu töten. Die einfache Kiste, die der Plage den Garaus machen sollte, enthielt zwei Brettchen, eines mit dem Buchstaben A und ein zweites mit dem Buchstaben B; in der Gebrauchsanweisung hieß es: »Setzen Sie die Heuschrecke auf Brettchen A und schlagen Sie sie mit Brettchen B ...«

Einfallsreichtum? Humor? Auf jeden Fall folgenreich. Vor einigen Jahrzehnten kam die große Leistung eines Industriellen ans Licht, der eine Kollektion Schuhe ins Ausland verkauft, aber nur gleiche Paare verschickt hatte: »Wenn sie es merken, werde ich mein Geld schon kassiert haben«, dachte er sich.

Oder der Fall des Krokodilleders: Es verkaufte sich so gut, dass man um der Gewinne willen beschloss, die Musterung und Vertiefungen auf Kunstleder zu drucken. Und viele Obstkisten verbargen die verfaulten Früchte unter einer Schicht von tadellosen Exemplaren. Straftaten? Psychopathie?

Häufig duckt sich der Vivo, um nicht erwischt zu werden. Aber er versucht, dieses Ducken zu verbergen: Er möchte weder schwach noch feige erscheinen. Die Schläue ist die Waffe, die ihn am Leben erhält. »Früh aufstehen, bevor andere dasselbe mit dir anstellen.«

Unter der Maske des Vivo verbirgt sich ein hilfloses Wesen.

Die Schläue kann deshalb auch als eine Reaktion, als eine verdrehte und neurotische Form des Lebenskampfes interpretiert werden. Das würde erklären, was seine falsche Omnipotenz ausmacht, seine tiefe Verbissenheit und die antrainierte Fähigkeit, Überraschungsschläge auszuteilen, die keine Gegenwehr zulassen. Der Vivo verachtet das Gesetz, das ihn immer verachtet hat, und macht sich über die Werte lustig, die ihn nie respektiert haben. So haben sich in ihm antisoziale Überzeugungen angestaut und verfestigt. Wie schon gesagt, wir können ihn verstehen, aber nicht rechtfertigen.

Seine Tragödie wird noch größer, wenn man bemerkt, dass er tatsächlich voller Ressentiments ist. Doch wie der 1964 verstorbene Dichter und Essayist Ezequiel Martínez Estrada schon sagte, handelt es sich um einen verbitterten Menschen, der nicht genau weiß, was er eigentlich will.

Eine letzte Beobachtung.

Die Schläue wächst unter einem autoritären Regime. Sie setzt sich ohne viel Lärm zwischen den Zähnen der Macht fest, der sie schmeichelt, aber gleichzeitig heimlich ins Zahnfleisch pikt. Sie hat keine Skrupel, am großen Gelage der Verfassungsverletzer teilzunehmen. Das Gesetz wird vom jeweiligen Machthaber ausgehöhlt. Der Vivo ist dabei Komplize und versucht, davon so weit wie möglich zu profitieren. Die Korruption – jede Korruption – erregt seine Sinne.

Wir müssen uns also fragen, ob die Verschwundenen, dieses brutale Unheil, das uns in eines der grausamsten Beispiele menschlicher Schlechtigkeit verwandelt hat, nicht die großen Streiche der letzten Diktatoren (1976–1983) waren. Die Herren der Macht entführten, folterten, mordeten und dann … erklärten sie mit schlauen Engelsgesichtern: »Sie sind ins Ausland gegangen« und »Wir wissen nichts«. Aber sie wussten alles. Denn bevor sie die Macht aufgaben, begingen sie das feige Verbrechen, Tausende von Archivordnern zu verbrennen wie Kriminelle, die sorgfältig ihre Fingerabdrücke abwischen. Wenn sie sich nicht selbst als schuldig ansahen, warum haben sie dann die Archive zerstört? Diese Tatsache allein stellt schon ein Geständnis ihrerseits dar. Hinter dem Namen »Verschwundene« regierte das große Heer der Verfassungsverletzer, der Groll, der Diebstahl, die Menschenverachtung und die pathologische Opferhaltung, aus der das Recht abgeleitet wird, sich in einen Schlächter zu verwandeln. Der »schmutzige Krieg« rechtfertigte alles, es durfte sogar vergessen werden, dass die Streitkräfte den Staat repräsentieren und nicht jenseits des Gesetzes handeln dürfen. Aber anstatt zu tun, was das Gesetz erlaubte, und das Ganze frontal anzugehen, wählten die Diktatoren den Weg der Schläue. Was sehr argentinisch ist. Und uns teuer zu stehen kam.

Wenn also jener Genozid tragischer Ausdruck der strukturellen kreolischen Schläue ist, ist dies ein weiteres, sehr starkes Motiv, um den Entschluss zu fassen, dass mit dieser zersetzenden Gewitztheit nun endlich Schluss sein muss.

Kurz vor seinem Tod 1998 hat der Schriftsteller Marco Denevi einen sehr klugen Vergleich zwischen Vivos, intelligenten und dummen Menschen vorgenommen. Eine große Erkenntnis, die eine kurze Zusammenfassung wert ist. Die geistige

Reaktion des Intelligenten ist dynamisch: Er sucht die Lösung eines Problems auf verschiedenen Wegen. So führt die Intelligenz gewöhnlich zum Erfolg.

Das lateinische Verb *stupere* bedeutet ruhig, unbeweglich oder gelähmt bleiben, als stünde man vor einer Mauer. Von *stupere* kommt das spanische Wort *estúpido,* der Dumme: Der Mensch steht vor einem Problem wie vor einer Falle, ohne eine Lösung zu sehen, auch wenn er manchmal verärgert oder erschüttert ist. »Die einzigen Reaktionen des Dummen werden Resignation oder Gewalt sein, zwei falsche Wege, die beide das Scheitern bedeuten.«

Die Schläue schließlich »ist die geistige Fähigkeit, mit den Auswirkungen eines Problems umzugehen, ohne es zu lösen.« Der Vivo tut alles, um den Auswirkungen des Problems zu entgehen oder sie auf einen Dritten abzuwälzen. Er ist skrupellos und unmoralisch, er erscheint lediglich intelligent und aufgeweckt, aber er bringt nur die Augen leichtfertiger Menschen zum Leuchten. Und niemals löst er ein Problem.

Was würde passieren, wenn die Vivos die Mehrheit ausmachten? Sie würden die Regierung übernehmen. Aber da sie unmoralisch und egoistisch sind, würden sie sich nicht um das Gemeinwohl scheren, sondern sich um ihr eigenes Wohl bemühen. Die Dummen wären sprachlos, will heißen, noch dümmer als zuvor. Die Intelligenten packten die Koffer und suchten das Weite. Und die Vivos, die nicht an der Regierung beteiligt sind, würden alles versuchen, doch noch einen Teil der Beute zu erhaschen. Die Gefräßigkeit der Vivos würde mit Gelegenheitsdiebstählen gesättigt. Aber das Land, das sie befehligen – das Schiff, das sie steuern –, wird mit ihnen gemeinsam untergehen. Ist jede Ähnlichkeit mit der Realität wirklich reine Fiktion?

Anomie, eine argentinische Krankheit

Carlota Jakisch

Die folgende Szene spielt sich in Berlin ab, im Laufe des Jahres 1938. Zwei Karriere-Diplomaten, einer Deutscher, der andere Argentinier, unterhalten sich über die zunehmende nationalsozialistische Propaganda im Ausland, speziell in Argentinien.

Durch Anzeigen von Menschenrechtsorganisationen und von einigen sozialistischen Abgeordneten aus Argentinien hatte das Thema an Aktualität gewonnen und die amtierende argentinische Regierung veranlasst, bei der Regierung des Dritten Reiches offiziell Beschwerde zu erheben.

Der deutsche Diplomat, v. Weizsäcker, fragte den argentinischen, Botschafter Labougle, wie aufrührerische nationalsozialistische Gruppen es schaffen konnten, sechs Jahre lang ihre Aktivitäten zu entfalten, ohne aufseiten der argentinischen Behörden irgendeine Reaktion auszulösen.

Der argentinische Botschafter antwortete: »Weil Argentinien ein Land ist, in dem gewöhnlich jeder macht, was er will.«

Dieses Nichtbeachten der Normen und die oftmals verächtliche Geringschätzung derselben sind kein ausschließlich argentinisches Phänomen. Aber einiges spricht dafür, dass dieses »alles ist erlaubt« ein in der argentinischen Gesellschaft fest verwurzelter Charakterzug ist.

Die Verletzung der Straßenverkehrsordnung ist ein gutes Beispiel dafür. Einer Studie aus Buenos Aires zufolge missachtet fast jeder Privatwagen eine rote Ampel pro Tag. Jeder

Bus fährt sogar pro Stunde über zwei rote Ampeln. Im weltweiten Vergleich ist Argentinien das Land mit der höchsten Zahl von Unfalltoten.

Aber das Thema erschöpft sich nicht mit der Nichteinhaltung der Verkehrsregeln, es werden auch Bauvorschriften verletzt, Lebensmittel und Medikamente gepanscht, akademische Titel gefälscht, Zeitpläne nicht eingehalten (Pünktlichkeit im weiteren Sinne ist eine Norm, die nicht nur zum geregelten Leben gehört, sondern auch die Leistung der Gesellschaft im Allgemeinen erhöht), man verschmutzt öffentliche Flächen und zahlt Bestechungsgelder, um bestimmte Auflagen nicht erfüllen zu müssen.

Gemäß Erhebungen von Gallup Argentinien ist fast ein Viertel der Bevölkerung bereit, der Polizei Geld zu geben, um ein Strafmandat zu umgehen; die gleiche Anzahl von Personen neigt dazu, für ihre Arbeit keine Rechnung zu stellen, um weniger Steuern zu zahlen, oder sich falsche Arztatteste ausstellen zu lassen, die das Fehlen bei der Arbeit rechtfertigen. Der gleichen Quelle zufolge denkt fast jeder zweite Argentinier nicht daran, wenn er Geld findet, den rechtmäßigen Besitzer ausfindig zu machen, sondern behält es.

Diese Geringschätzung der Gesetze seitens einer Gesellschaft ist im 19. Jahrhundert vom französischen Soziologen Emile Durkheim untersucht worden. Er prägte den Begriff »Anomie«, um dieses Sozialverhalten zu beschreiben. Durkheim vertrat die Ansicht, dass in einer Situation, in der alle Grenzen verwischen, Leidenschaften und Wünsche maßlos werden. Die normative Unzulänglichkeit (nicht, weil es keine Normen gäbe, sondern weil deren Erfüllung nicht als zwingend wahrgenommen wird) rufe einen sozialen Zustand der Verkrampfung und die Sehnsucht nach dem Unendlichen hervor: *la passion de l'infini.*

Der deutsche Soziologe Peter Waldmann hat die Anomie

als einen Zustand der sozialen Desorganisation beschrieben, der auf das Fehlen klarer und verbindlicher Normen zurückzuführen ist.

In Argentinien gibt es diese Normen, und nicht selten entschuldigt man sein Fehlverhalten damit, dass es derer zu viele gibt oder dass sie sich gegenseitig widersprechen. Es ist nicht das Fehlen der Normen, das den »anomischen« Charakter Argentiniens erklärt, sondern ihre Geringschätzung durch beachtliche Teile der Gesellschaft.

Der Theaterkritiker Jaime Potenze erzählte vor einigen Jahren, dass die Leute oft zusammenkamen, wenn vor einem Kommissariat ein Polizeibeamter mit einem Festgenommenen auftauchte, und »lasst ihn laufen, lasst ihn laufen« skandierten.

Solidarität mit dem Delikt

In Argentinien herrscht Solidarität mit demjenigen, der das Gesetz missachtet. Ganze Fußballstadien bringen einem technischen Direktor, der einen Minderjährigen vergewaltigt hat, Ovationen entgegen. Ein drogenabhängiger Fußballspieler wird zum Aushängeschild einer Anti-Drogen-Kampagne. Der gleiche Spieler schießt mit einem Gewehr auf Reporter, die sein Haus belagern, und eine Strafe wird niemals verhängt, weil die Politiker in der Bevölkerung eine Mehrheit für seinen Freispruch ausmachen wollen.

Es ist offensichtlich, dass eine von der Politik oder der öffentlichen Meinung abhängige Justiz keinen Faktor darstellt, der behilflich wäre, die Anomie in einer Gesellschaft zu verringern. Grundsätzlich ist es so, dass Anomie durch ein Justizsystem bekämpft werden kann, das Recht spricht, das sich ausschließlich an die Gesetze hält.

In Argentinien erlebt das Justizsystem in der Bevölkerung bereits seit Jahrzehnten eine starke Abwertung. Unzählige Umfragen beweisen, dass die Argentinier der Justiz nicht vertrauen und zudem überzeugt sind, dass Einzelinteressen die Entscheidungen der Justiz beeinflussen.

Welchen Wert kann eine Gesellschaft der Erfüllung der Normen beimessen, wenn die Institution, deren Aufgabe es ist, diese Normerfüllung zu gewährleisten, nicht vertrauenswürdig ist, ihre Zuständigkeiten nicht vollständig erfüllt, nicht gerecht handelt und wenn, um ihr anzugehören, teils andere Bedingungen erfüllt werden müssen als die, die mit ihrer Funktion zusammenhängen?

Es versteht sich, dass auf diesem Boden Anomie gedeiht, aber es offenbart auch die Anomie im Justizsystem selbst.

Buenos Aires – Kapitale der Kultur

Walter Haubrich

Buenos Aires wollte lange Zeit hindurch so ähnlich wie Paris sein und dann einige Jahrzehnte lang New York gleichen. Heute kann die argentinische Hauptstadt durchaus stolz darauf sein, mehr als jede andere Stadt auf dem amerikanischen Kontinent an Madrid zu erinnern. Die Menschen aus Buenos Aires leben, wie die Madrilenen, gern auf der Straße und bis weit in die Morgenfrühe hinein. Sie sind, wie diese, lebhaft und geistesschnell, schätzen die heftige Diskussion und die ironische Konversation und feiern die Feste, wie sie gerade fallen. Mit Madrid wetteiferte Buenos Aires auch in seinem kulturellen Anspruch; zu manchen Zeiten konnte sich die Stadt am Río de la Plata zu Recht als die kulturelle Hauptstadt der hispanischen Welt fühlen. Spanische Künstler galten erst etwas, wenn Buenos Aires sie akzeptiert hatte. Theaterstücke erfuhren nach Erfolgen in Madrid und Barcelona auf den Bühnen am Río de la Plata ihre definitive Bestätigung. Die bedeutendste und härteste Tragödie von García Lorca – *Bernarda Albas Haus* – erlebte in Buenos Aires ihre Weltpremiere. Ins Exil getriebene Schriftsteller und Intellektuelle aus aller Welt, auch aus Deutschland, gingen gern nach Argentinien.

Buenos Aires ist ohne Zweifel die kultivierteste Stadt in

Lateinamerika. Die argentinische Kultur ist sehr europäisch geprägt, wie ja auch die Bevölkerung – abgesehen von verhältnismäßig wenig überlebenden Indios und den zwei Millionen Turcos (Einwanderer aus dem Vorderen Orient, vorwiegend aus Syrien und Libanon) – europäisch ist. Das prachtvolle Teatro Colón erfüllt dieselbe Funktion wie europäische Opernhäuser: die eines eleganten und anspruchsvollen Kunsttempels für die feine Gesellschaft.

Dass ihr Land so europäisch wirkt, wird den Argentiniern von naiven europäischen Dritte-Welt-Romantikern übel genommen. Dass die Einwohner von Buenos Aires ihre vergleichsweise große Bildung nicht unter den Scheffel stellen, kostet sie oft die Sympathien der da weniger gut bedachten Nachbarvölker. Die reichen Argentinier erregten schon um die Jahrhundertwende Bewunderung und Neid in europäischen Hauptstädten. Die Konsumwut der Oberschicht aus Buenos Aires stieß während der Diktatur, die ihnen einen billigen Dollar geschenkt hatte, auf Ärger und Widerwillen im Ausland, da gleichzeitig die Not der Armen im Land noch größer wurde. Argentinien, ein von der Natur gewiss nicht benachteiligtes und von recht gut gebildeten Menschen bewohntes Land, durchlebte jahrzehntelang einen langsamen Niedergang. Die argentinischen Politiker haben in diktatorischen wie in demokratischen Systemen fast immer versagt. Buenos Aires wurde zeitweise zu einer Metapher für Dekadenz; seine Menschen schienen sich einer fatalistischen Resignation hinzugeben, die durch Selbstironie und zynischen Witz sogar amüsant wirken konnte. Buenos Aires ist sicher immer noch die urbanste und vielseitigste Stadt Lateinamerikas; doch sollte das europäische, das literarisch und ästhetisch so anspruchsvolle Buenos Aires nicht darüber hinwegtäuschen, dass die Kapitale am Río de la Plata auch von den großen allgemein lateinamerikanischen Problemen betroffen ist. Gar nicht so weit von dem architektonisch grandiosen kultivierten Zentrum der Stadt, in dem es sich so angenehm wohnen lässt, finden sich ausgedehnte Elendsviertel – hier Villas Miseria genannt. Nicht die schlimmsten und größten Lateinamerikas – doch gewiss schlimm für die, die dort leben müssen.

Jorge Luis Borges pflegte seine Geburtsstadt Buenos Aires selten zu verlassen. Doch von Zeit zu Zeit überquerte er in stundenlanger Schiffsreise den breiten Río de la Plata und verbrachte einige Tage im gegenüberliegenden Montevideo. Als Borges schon weltberühmt war, folgten ihm dann die Journalisten aus Buenos Aires – alle selbstbewusste Porteños, wie die Einwohner der argentinischen Hauptstadt sich auch selbst am liebsten nennen. Borges nutzte seine Gespräche in Montevideo mit seinen Landsleuten, um einige kritische Anmerkungen zu ebendiesen Porteños und ihrem Selbstverständnis über den La Plata hinweg an das, wie er meinte, zu wenig selbstkritische Buenos Aires zu richten. Wie er denn das kleine provinzielle Montevideo überhaupt mit dem immensen Buenos Aires vergleichen könne, fragte ihn pikiert ein Landsmann. Borges prägte in seiner Antwort dann gleich den Begriff von dem Laster der Maßlosigkeit der Argentinier, besonders der Porteños; von ihrer Bewunderung für das Großartige, das Gigantische, für die schon auf den ersten Blick erfassbare Größe, die bei manchen alteingesessenen Bürgern von Buenos Aires dann auch schon mal zu Größenwahnsinn wird. Jorge Luis Borges hat gewiss nicht nur in Montevideo, viel mehr noch in seinem Buenos Aires Großartiges entdeckt, das nicht gleich sichtbar ist, nicht maßlos wirkt, ja nicht einmal messbar ist.

Nach messbaren Kategorien betrachtet, ist Buenos Aires eine sehr große Stadt; lange Zeit hindurch die größte Lateinamerikas, bevor es von den rasend schnell wachsenden Mammutsiedlungen Mexiko-Stadt und São Paulo überholt wurde.

Doch als die urbanste Stadt im iberischen Amerika gilt die Metropole am Río de la Plata immer noch, und trotz aller Anstrengungen des in einem politisch besser regierten Land gelegenen Mexiko-Stadt ist Buenos Aires bis jetzt auch noch das wichtigste Kulturzentrum des hispanischen Amerika und die Hauptstadt der hispanoamerikanischen Literatur. In wenigen Städten der Welt gibt es eine so vielseitige Presselandschaft, existieren so viele lebhaft-amüsante wie tiefgründig-seriöse Zeitungen. Die Porteños lesen immer noch vergleichsweise viel; sie tun einiges, um das in hispanischen Ländern geflügelte Wort »belesen wie ein Argentinier« nicht Lügen zu strafen. Wo viele lesen, wird viel geschrieben. Und Buenos Aires ist eine der am meisten literarisch beschriebenen Städte, einer der wichtigen Schauplätze der modernen westlichen Weltliteratur. Auf den Straßen und Plätzen, in den Theatern, Cafés und Bordellen der Stadt ereignen sich bedeutsame oder kuriose Dinge, nacherzählt oder erfunden von Roberto Arlt und Ernesto Sábato, von dem gelehrten Schönschreiber Mújica Láinez ebenso wie von dem Kosmopoliten Julio Cortázar. Bei jedem Spaziergang durch die Stadt findet man sich plötzlich an Plätzen, vor Monumenten, in Parks oder Lokalen, die einem als genau beschriebener Schauplatz fantastischer oder höchst realer Ereignisse aus den großen Werken der modernen argentinischen Literatur in Erinnerung sind. Im Lezama-Park, nicht weit vom Hafen, pflegten sich Victoria Ocampo, Jorge Luis Borges und Adolfo Bioy Casares zu treffen, während Ernesto Sábato meist einsam und nachdenklich dort seine langen Spaziergänge machte. In den übergroßen Gebäuden mit ihren vielen Statuen am Rande dieses Parkes, heute Sitz des Historischen Museums, spielt die Handlung von Sábatos bekanntestem Roman *Über Helden und Gräber.* Auf den San-Martín-Platz, auf der anderen, der eleganteren Seite des Hafens, auf Magnolien und Palisanderbäume konnte Jorge

Luis Borges aus seiner Wohnung in der Maipú-Straße hinabschauen – »auf jenen«, wie er schrieb, »tiefgründigen Platz, der die Seelen gleich macht und sich dann wie der Tod oder ein Traum öffnet«. Ein halb tropischer Garten zwischen Zement und Baustahl, von dem man wiederum wie von einem Balkon aus auf den einstmals wichtigen Hafen und den, wie seit je, immens breiten Fluss hinuntersieht. Borges wurde in Alt-Palermo geboren. In dem Viertel, das nicht der sizilianischen Stadt, sondern einem begüterten Bewohner des Stadtzentrums namens Juan Domínguez Palermo seinen Namen verdankte, jenem Mann, der es als Erster wagte, in der oft vom Fluss überspülten, damals abgelegenen Gegend Grundstücke zu kaufen und Häuser zu bauen, und einen in der Geschichte Argentiniens wichtigen und autoritären Mann, Juan Manuel de Rosas, als Teilhaber seiner Geschäfte gewann. In Palermo wurde der spätere Diktator dann zum größten Grundbesitzer der überaus schnell nach Norden wachsenden Stadt. Der junge Borges entdeckte in Alt-Palermo die Welt des Tangos, als dieser Tanz noch Sünde war und in übel beleumundeten Vorstadtlokalen seine Heimat hatte. In einigen Cafés dort, wie etwa dem Homero, kann man heute noch authentischen Tango hören. Palermo allerdings ist längst ein teures Wohnviertel mit botanischem und zoologischem Garten, großen Palästen, wie dem der Viehzüchtergesellschaft, oder gelungenen Monumenten, wie das Los Españoles genannte, das die ehemalige Kolonialmacht den Argentiniern zum hundertjährigen Unabhängigkeitsjubiläum gestiftet hatte. Palermo wird gelegentlich spöttisch als »Villa Freud« bezeichnet, weil sich besonders viele Schüler des Wiener Arztes dort niedergelassen haben. Psychoanalyse findet in keiner Stadt der Welt so viel Zuspruch wie in Buenos Aires. Über die Gründe für den Hang der Argentinier zur Erforschung der eigenen Seele ist viel Kluges gesagt und geschrieben worden. Dass sie gern und auch fatalistisch in die glanzvolleren Zeiten der Geschichte ihres Landes zurückschauen, kann man ihnen nicht verdenken. In den großbürgerlichen Häusern erinnert man den Besucher gern an die Zeit zu Beginn des 20. Jahrhunderts, als man in Paris von Menschen, die reicher waren und diesen Reichtum auch zu genießen wussten, zu sagen pflegte, sie lebten wie »des riches argentins«, wie reiche Argentinier. Wer viel zurückschaut, schaut sicher auch gern in sich selbst hinein. Über sich selbst nachzudenken und das Resultat solcher Meditationen den Mitmenschen in wohlgesetzten Worten und detailgenau mitzuteilen, war stets eine Lieblingsbeschäftigung der Porteños. Mit ihrem Hang zur Selbstdarstellung haben sich die Bewohner der Elf-Millionen-Stadt am Río de la Plata gewiss nicht immer die Sympathien ihrer Nachbarn erobert. Doch ihr Selbstbewusstsein schien lange Zeit hindurch krisenfest zu sein. Die Porteños – und das sind ja fast alle Argentinier, die man so kennt – wissen, was sie der Welt wert sind. Wenn die Menschen in Buenos Aires mal aufhören sollten, über sich selbst zu reden, dann wäre es Zeit, sich ernsthaft um sie zu sorgen.

Selbstbewusstsein braucht Selbstkritik nicht auszuschließen. In den letzten Jahren der grausamen Militärdiktatur, so etwa ab 1979, sprachen viele gescheite Argentinier kaum noch über sich selbst und ihr Land. Sie schämten sich der Verbrechen, die in Argentinien begangen wurden und zu denen die meisten von ihnen aus Angst so lange geschwiegen hatten. Auch die großen Schriftsteller, die sich durchaus als moralische Instanz für die gesamte Nation empfinden. Jorge Luis Borges brauchte Jahre, bis er glauben konnte, dass die Militärs aus der von ihm so geschätzten argentinischen Oberschicht politische Gegner monatelang folterten und sie dann zu zweit aneinandergebunden aus Hubschraubern in den Río de la Plata warfen.

Die Diktatur zerbrach endgültig an dem unvernünftigen Abenteuer des Falklandkriegs. Der Versuch, die seit Langem von Argentinien beanspruchten Malwineninseln, die britische Falklandkolonie, militärisch zu erobern, brachte einen Teil der argentinischen Bevölkerung für ganz kurze Zeit in eine trügerische patriotische Hochstimmung. Die weniger nachdenklichen oder die schlechter informierten Menschen in Buenos Aires gaben sich einige Wochen lang dem Irrtum hin, Argentinien, das zuletzt Schlimmes erlebt hatte, sei wieder ein starkes und angesehenes Land geworden, auf das man stolz sein könne, da es ja schließlich im Recht war. Die schnelle und bittere Ernüchterung nach der Selbsttäuschung beim Malwinenkrieg machte es auch diesen Argentiniern leichter, sich dann nach dem Sturz der Diktatur selbstkritisch mit den schlimmen Ereignissen zwischen 1974 und 1982 auseinanderzusetzen. Im Falklandkrieg hatte man sich in Unkenntnis der militärischen Kräfteverhältnisse und auch der bis zu den grausamsten Formen der Kriegsführung gehenden britischen Entschlossenheit von den eigenen Generälen täuschen lassen. Während der Herrschaft der Generäle Videla, Viola und Galtieri hatte man freiwillig die Augen geschlossen, um nichts sehen zu müssen, und hatte nicht zugehört, wenn andere warnten, hatte ungläubig den Kopf geschüttelt, wenn von der Zahl der Verschwundenen, Gefolterten und Getöteten, die schließlich auf über 10 000 anwuchs, die Rede war.

Die ersten Jahre der Demokratie wurden zu einer Zeit der Selbstanklage, aber auch wohl zu der einer inneren Wandlung. In einem der ältesten Theater der Stadt, dem Liceo, ließen sich die Argentinier über ein Jahr lang jeden Abend von dem wortmächtigen Schauspieler, Autor und Schnellredner Enrique Pinti als egozentrisch und egoistisch, feige und unsolidarisch denunzieren und applaudierten dann ihrer eigenen Verurteilung. Auch das in den Achtzigerjahren am meisten verkaufte

Buch setzte sich in sehr direkter Form mit den Gräueltaten der jüngsten Vergangenheit auseinander; es ist der unter Federführung von Ernesto Sábato zusammengestellte Bericht über die politischen Verbrechen während der Diktatur. *Nunca más* (Nie wieder) war der Titel, und dass die Porteños jene Zustände nicht wiederhaben wollten, bewiesen sie sehr couragiert bei verschiedenen Putschversuchen, als sie – in der Karwoche 1987 sogar in großen Massen – gegen die aufständischen Militärs auf die Straßen gingen. Der erste Präsident nach der Diktatur, Raúl Alfonsin, ein überzeugter Verteidiger des demokratischen Rechtsstaates, resignierte vielleicht zu schnell gegenüber den ständigen, auch gewaltsamen Erpressungsversuchen der Militärs, gab ihnen zu oft nach, verzichtete auf Gerechtigkeit, um die Demokratie zu retten. Als er im Mai 1987 vor Hunderten von ausländischen Schriftstellern und Journalisten den bezeichnenden Satz »Wir Argentinier haben nun mal nicht die Bastille erstürmt« aussprach, unterschätzte er vielleicht die neue Bereitschaft seiner Mitbürger zum Widerstand.

Es hat sich in Argentinien und am spürbarsten in Groß-Buenos-Aires, wo über ein Drittel der Argentinier leben, einiges geändert. Die Menschen sahen seit Anfang der 1990er-Jahre wieder mit mehr Optimismus in die Zukunft. Die Wirtschaftsreformen, nach vielen misslungenen Experimenten, hatten trotz ihrer Härte gerade für die Ärmsten neue Hoffnungen erweckt. Immer weniger Menschen in Buenos Aires gaben auf die Frage, wie es ihnen denn gehe, die früher schon fast stereotype Antwort: »Schlechter als gestern, doch besser als morgen.« Auch der greise Sábato hätte in diesen Jahren sicher nicht mehr die Meinung vertreten, Argentinien lebe vorwiegend aus der Vergangenheit heraus, auch materiell von einem früheren Wohlstand, als das Land – damals durchaus zutreffend – den Eindruck einer tatkräftigen, vorandrängenden Nation erweckte und als »Eldorado für Europäer, Araber und Juden« galt.

»Buenos Aires, die Hauptstadt Argentiniens, ist eine Metapher für Dekadenz«, schrieb Juan Ignacio Irigaray. Das war vielleicht schon immer nicht ganz wahr, auf jeden Fall ist es inzwischen nur noch eine halbe Wahrheit. Der real existierenden wie der künstlerisch hochstilisierten Dekadenzstimmung haben sich gerade die großen argentinischen Dichter der ersten Jahrhunderthälfte fast genießerisch hingegeben. Victoria Ocampo, Jorge Luis Borges und Adolfo Bioy Casares gehörten zu der gesellschaftlichen und intellektuellen Elite von Buenos Aires. So gut wie nichts, was in den Zwanziger- und Dreißigerjahren in Berlin und Paris, in Madrid oder London veröffentlicht oder diskutiert wurde, war ihnen fremd. *Sur*, von Victoria Ocampo geleitet, war damals eine der besten Kulturzeitschriften der Welt. Sicher kannten die Autoren aus der Blütezeit der argentinischen Literatur die neuesten ästhetischen und philosophischen Theorien aus aller Welt besser als die Sorgen der armen Bevölkerung ihres Landes. So wurden sie auch von den ihnen unverständlichen populistischen Bewegungen wie dem Peronismus überrascht.

Manche der vielen brillant formulierten, doch ungerechten Äußerungen bedeutender Ausländer über Argentinien und die Argentinier stehen unter dem Einfluss dieser Leute – gescheite, doch in sozialen und politischen Fragen einseitige Menschen aus einer bestimmten Gesellschaftsschicht. Selbst bei einem so klugen Beobachter wie Ortega y Gasset finden sich neben zutreffenden und erhellenden Sätzen überraschend leichtfertige und überkritische Urteile. Über die Argentinier – und es sind fast immer die Porteños, die aus Buenos Aires, gemeint – werden seit Jahrzehnten in Zeitschriften und Büchern viele nur halbwahre Klischees, viel Oberflächliches und Ungerechtes verbreitet. Dass sie sich das Geld absparen, um zum Psychiater zu gehen, wirft man den Ärmeren vor. Selbst dass die reichen Frauen aus Buenos Aires außergewöhnlich schön sind und ihre Schönheit pflegen und dass sogar Männer sich dort gut anzuziehen wissen, nimmt man ihnen übel. Und dann das immer gleiche Gerede über die argentinische Arroganz, über Hochmut und Selbstüberschätzung der Porteños. Wenn sie wirklich arrogant und eingebildet sein sollten, dann sind sie es im Gegensatz zu manchen ihrer Nachbarn auf eine höfliche Weise. Niemand wird bestreiten, dass die Argentinier im Allgemeinen gut erzogene Leute sind; auch das hat ihnen nicht überall in anderen Ländern Lateinamerikas Freunde gemacht, wo Schulbildung ein Privileg einer kleinen Gesellschaftsschicht war und es auch oft noch ist.

Manche Autoren schreiben die gepflegten Umgangsformen der Menschen in Buenos Aires der Zusammensetzung der Bevölkerung zu: eine gelungene Mischung aus mehreren europäischen Ländern. Die meisten Einwohner kommen aus Spanien, die zweite Gruppe stellen die Italiener vor denen, die aus Deutschland und anderen mitteleuropäischen Staaten kamen. Franzosen und Engländer erreichten wichtige und einflussreiche Posten in der Stadt; britische und französische Zivilisations- und Lebensformen wurden bewundert und übernommen. Wer es so wollte, konnte sich in Buenos Aires durchaus wie in Wien oder Neapel, in Paris oder Madrid fühlen.

In der Stadt am Río de la Plata gibt es keine Nationalitätenviertel. Die aus den verschiedenen europäischen und lateinamerikanischen Ländern eingewanderten Menschen leben nebeneinander in den gleichen Straßen und verständigen sich in der Landessprache – Spanisch –, die sie so schnell wie möglich gelernt haben. Einige Viertel sind allerdings noch geprägt von Lebensformen und Gebräuchen der Länder, aus denen viele ihrer Bewohner stammen. Das spanischste Buenos Aires liegt in und rund um die Avenida de Mayo; in den Nebenstraßen gibt es viele Restaurants und Tavernen, die den Namen von spanischen Städten, Provinzen oder Regionen tragen und wo sich denn auch die in der jeweiligen Stadt, Provinz und Region Geborenen oder deren Kinder immer noch treffen. Italienisch geprägt ist auch heute noch das populäre Hafenviertel La Boca. In Belgrano erinnern zahlreiche Konditoreien mit ihrem Torten- und Schlagsahneangebot daran, dass sich in diesem wohlhabenden Wohnviertel zahlreiche Deutsche und Österreicher niedergelassen haben.

Argentinien hat viele politische Flüchtlinge aus zahlreichen Ländern der Welt großzügig aufgenommen. Nach dem Bürgerkrieg kamen die spanischen Republikaner, unter ihnen viele Professoren, Intellektuelle und Künstler, nach Buenos Aires. Einige Schriftsteller – Rafael Alberti, Ramón Gómez de la Serna – haben sich mit Gedichten und Essays über die Stadt und die Menschen am Río de la Plata bedankt.

Auch viele von Hitler aus politischen oder rassischen Gründen Verfolgte fanden in Argentinien Zuflucht; der Anteil der Juden an der deutschsprachigen Bevölkerung von Buenos Aires ist groß. Perón machte dann – vorwiegend wegen seiner Feindschaft zu den Vereinigten Staaten – deutschen Nazis, unter ihnen manche Kriegsverbrecher, den Aufenthalt in seinem Land leicht und bequem. So gibt es in Buenos Aires zwei sehr unterschiedliche deutsche Kolonien: Nazis und Antifaschisten. Die Rechtsextremen hatten zeitweise ihre eigenen deutschsprachigen Zeitungen und Zeitschriften, wie die berüchtigte Hetzpostille *La Plata-Ruf*, von Goebbels' ehemaligem Privatsekretär herausgegeben. Die liberalen Demokraten lasen das von einer deutsch-schweizerischen Familie gegründete *Argentinische Tageblatt*, das allerdings unter der Militärjunta, als einer aus dieser Familie Minister wurde, einen totalitären Sündenfall erlebte und in die hohle patriotische

Rhetorik der Junta verfiel, dabei auch ausländische Demokraten denunzierte.

»Mir kann man ja lange erzählen, dass Buenos Aires einmal begann. Für mich ist die Stadt so ewig wie das Wasser und die Luft.« Mit diesen Versen beendete Borges sein viel zitiertes Gedicht »Die mythologische Gründung von Buenos Aires«. Wie alle Städte der Welt wurde Buenos Aires ganz prosaisch einmal gegründet, eigentlich sogar zweimal. Allerdings: Die erste Landnahme und Gründung eines kleinen Ortes – nicht viel mehr als ein Caserío, eines jener Gehöfte mit wenigen Häusern und Stallungen, wie sie über die nordspanische Berglandschaft verstreut sind – konnte sich, von den Indianern bestürmt, von den damals noch existierenden wilden Tieren der Pampa bedroht und vom ständigen Hunger gequält, nicht weiterentwickeln. Erst vierundvierzig Jahre später, am 11. Juni 1580, kam der wackere Juan de Garay, aus dem Norden der spanischen Provinz Burgos stammend, mit einer Handvoll Eroberer an den Río de la Plata, ließ Skizzen über die Gegend anfertigen, verteilte Land in kleinen Parzellen und gab Eigentumspapiere aus. Damit gründete er eine Stadt, der er den schönen und langen Namen Ciudad de la Trinidad y Puerto de Santa María de los Buenos Aires gab. Garay hatte schon in Asunción am Flusse Paraguay im Landesinneren seinem obersten Dienstherrn häufig empfohlen, »diesem Land Türen zu öffnen, eine Stadt am Meer zu gründen«, um die Isolierung zu überwinden. Zweihundert Jahre blieb Buenos Aires ohne administrative Bedeutung, abhängig von den Entscheidungen, die vom Vizekönigtum Peru im fernen Lima getroffen wurden. Doch der Hafen am Río de la Plata entwickelte sich gut, die Leute, die dort lebten und arbeiteten, wurden wohlhabend, was denn auch der spanischen Krone in Madrid zu Ohren kam. 1776 erhielt Buenos Aires Stadtrechte und wurde gleich zur Hauptstadt des neu gegründeten Vizekönigtums

Río de la Plata gemacht. In den Jahren 1806 und 1807 bestand die Stadt ihre Feuerprobe; sie wehrte sich heldenhaft gegen die britische Marine, die damals auf ihren Beutezügen zahlreiche Küstenstädte Süd- und Mittelamerikas brandschatzte und ausraubte. Viele Jahre später sollte dann Argentinien weniger erfolgreich gegen die Marine Ihrer Britischen Majestät kämpfen. Die militärischen Siege im ersten Jahrzehnt des vorigen Jahrhunderts gaben den Porteños das notwendige Selbstbewusstsein, um, von den aus Frankreich kommenden Freiheitsideen bestärkt, den Kampf für die Unabhängigkeit ihrer Stadt und ihres Landes aufzunehmen. Wie fast überall in Südamerika (großzügigerweise ließ er noch einige Länder übrig für Bolívar) war der spanische General San Martín auch in Argentinien der Libertador, der Befreier.

Die Straßen und Plätze von Buenos Aires sind reich an Monumenten und historischen Gedenkstätten. Auch das mag man als Zeichen dafür deuten, wie wichtig die Argentinier ihre ja gar nicht so lange Geschichte nehmen. Aus vorkolumbischen Zeiten ist nichts erhalten, aus der Kolonialzeit so gut wie nichts. Die Mitte des 19. Jahrhunderts sehr reich gewordene Stadt erinnerte sich nicht gern an die Jahre, als sie die ärmste Hauptstadt des spanischen Vizekönigtums war. Die Pyramide auf der Plaza de Mayo – da, wo in der Casa Rosada der Präsident der Republik residiert und wo seit den letzten Jahren der Diktatur die Mütter und Frauen der Verschwundenen in ständigen Protestgängen Auskunft über das Schicksal ihrer Familienmitglieder verlangen –, dieses erste Denkmal der Nation Argentinien ist ein recht bescheidenes Monument für die Unabhängigkeit eines großen Landes. Obwohl es geometrisch ein Obelisk ist und der offizielle Name »Säule des 25. Mai« lautet, bestand die Bevölkerung von Baubeginn an darauf, dass es eine Pyramide sein werde, und ließ sich davon auch nicht abbringen, als die kleine Säule unverkennbar die Form eines

Obelisken annahm. Und so wird das erste Denkmal des unabhängigen Argentinien nun mal Pyramide genannt, obwohl es ein Obelisk ist. »Obelisk« heißt hingegen die dreiundsechzig Meter hohe Zementnadel auf der Plaza de la República, da, wo sich die breite Avenida 9 de Julio, die Diagonale Roque Sáenz Peña und die Corrientes-Allee – die Straße, die niemals schlafen geht – kreuzen. In Wirklichkeit ist das zum vierhundertjährigen Bestehen der Stadt erbaute Denkmal gar kein Monolith, auch kein Obelisk; doch symbolisiert es das große Selbstbewusstsein der Argentinier in den Dreißiger- und Vierzigerjahren des letzten Jahrhunderts, als Buenos Aires sich als besonders kosmopolitische Stadt empfand und sich eigentlich nur noch mit Paris vergleichen lassen wollte. Der Obelisk ist frei von nationalen Bezügen, richtet sich, unbelastet von geschichtlichem Ballast, frei und schlank in eine weise und anscheinend unbegrenzte Zukunft. Zahlreichen Porteños hatte der arrogante Obelisk nie gefallen; sie behielten recht, als die Geschichte dem allegorischen Anspruch des Monumentes und den Hoffnungen der nationalen Fortschrittsoptimisten – eine große Zukunft ohne Grenzen für Argentinien – nicht gerecht wurde.

Die Allee des 9. Juli, mit der Buenos Aires versuchte, New York ähnlich zu werden, wurde zum Zentrum der modernen Stadt. Rund um die breite Allee haben sich Theater, Nachtclubs, Hotels angesiedelt. Die Alleen und die Straßen rundherum bieten auch Platz für Volksfeste und Demonstrationen für Falsches und gegen Richtiges, oder auch umgekehrt. Das Herz der wohlhabenden Nordstadt ist ein Friedhof: La Recoleta, mit seinen prächtigen Marmormausoleen und umgeben von eleganten Restaurants und modischen Bars. Da trifft man die elegantesten Argentinierinnen, die sich gern in überaus enge Hosen und Röcke zwängen und die diffizile Kunst, sich auf hohen Stöckelschuhen anmutig oder aufreizend zu bewegen, meisterhaft beherrschen. In La Recoleta duftet es überall nach den neuesten Pariser Parfüms; in der Südstadt, in La Boca oder San Telmo, riecht alles – wie es in einem Tango-Lied heißt – nach »Alkohol und den anderen schönen Lastern dieser Welt«. In der Südstadt trug man eine Gitarre und einen Dolch dazu im Gewande. Den Dolch lässt man heute fast immer zu Hause. Nach San Telmo gehen inzwischen viele Touristen sonntags zum Flohmarkt, wo man, wie auf den europäischen Märkten dieser Art, kaum noch was halbwegs Interessantes findet. Wer sich in der Stadt auskennt, geht nachts nach San Telmo und in die anderen Viertel des Südens, und zwar dorthin, wo dann die Gitarre und das Bandoneon herrschen und Tango gesungen und getanzt wird. Den Tango, den mal einer den Sohn einer Gitarre nannte, die sich gleichzeitig in zwei Bandoneons verliebt hatte.

Der Tango braucht die Nacht nicht zu beenden. In Buenos Aires geht nicht nur die Corrientes-Allee spät schlafen. Die Porteños diskutieren gern bis weit in die Nacht hinein an den Tischen von berühmten Cafés, wie dem Tortoni, oder einfach in ihrer Stammkneipe. In die Avenida de Mayo haben die Spanier ihre schöne Gewohnheit mitgebracht, den Aperitif auf den Terrassen der Straßencafés, im Kreise von Freunden einzunehmen. Nach dem langen Meinungsaustausch im Café macht man gern noch einen ausgiebigen Spaziergang durch die Stadt, um sich dann in der Corrientes die erste Ausgabe der Morgenzeitungen zu kaufen und, schon über die Neuigkeiten des Tages informiert, zum verdienten, wenn auch verspätet angetretenen Nachtschlaf nach Hause zu gehen.

Diegos Geschenk

Sergio Olguín

Patricias Vater Luis hat schon immer in Villa Fiorito gelebt. Als er klein war, hatten seine Eltern ein Haus auf der anderen Seite von Fiorito, in der Nähe des Bahnhofs. Ein paar Meter weiter wohnten die Eltern von Maradona mit all ihren Kindern. Das Erste, was Luis von Diego mitbekam, war, dass er als zweijähriger Knirps immer bei den Größeren mitmischen wollte, wenn sie Fußball spielten. Luis war damals sieben oder acht, und wie alle Jungs in seinem Alter war er genervt von diesem Knirps, der den Spielern immer zwischen den Beinen rumwuselte; sie schubsten ihn weg, sie brachten ihn zum Weinen, sie versuchten ihn loszuwerden wie einen störenden Fussel. So ging es jeden Tag, bis Diego oder Fussel drei oder vier war. Eines Tages kam er mit einem winzigen Lederball zur Tür raus, den ihm sein Cousin Beto geschenkt hatte, und fing an, allein zu spielen. Es war kein Profiball, keine Größe fünf, sondern ein viel kleinerer, Größe eins. Wie geschaffen für seine Zwergenfüße.

Patos Papa erzählte, dass er so was noch nie gesehen hätte. Der Ball klebte Diego praktisch am Fuß, den lieben langen Tag, und er trennte sich nur von ihm, wenn er ihn ein bisschen weiter wegschoss, und dann holte er ihn sich sofort wieder. Diego spielte damals noch in keiner Mannschaft. Luis hingegen spielte bei Estrella Roja, einer Mannschaft aus dem Viertel, die von Diegos Vater trainiert wurde und in Siete Canchitas, einem Acker mit sieben kleinen Fußballfeldern, gegen andere Mannschaften aus der Gegend antrat. Patos Papa war der Beste. Sie nannten ihn Raúl Bernao, weil ein Fußballspieler von Independiente so hieß. Er hat erzählt, dass er sogar die Steine ausgedribbelt hat, die auf dem Spielfeld rumlagen. Diego ging immer mit seinem Vater hin, um die Spiele von Estrella Roja anzuschauen, und immer wollte er in der Nähe von Luis sein, der zu seinem Idol geworden war.

Eines Tages kam Luis gerade aus der Schule, als er etwa vier Häuserblocks weg von daheim Diego sah. Er hatte seinen Ball dabei, und um ihn herum standen ein paar Jungs, die wesentlich älter waren als er, etwa so alt wie Luis, also zwölf. Offensichtlich hatten diese Jungs es satt, dass Diego sie ständig austanzte, denn sie hatten sich den Ball geschnappt und spielten »Schweinchen in der Mitte«, immer wieder warfen sie sich über Diegos Kopf hinweg den Ball zu, nutzten aus, dass sie viel größer waren. Diego schrie, sie sollten ihm den Ball zurückgeben, aber die Jungs ignorierten ihn einfach.

Luis ging hin und sagte, sie sollten den Ball rausrücken. Sie machten einfach weiter. Da verpasste Luis dem einen einen Kopfstoß, dem anderen einen Fußtritt und riss dann dem den Ball aus den Händen, der ihn gerade hatte. Er gab ihn seinem Besitzer zurück, prügelte sich weiter, bis die Jungs genug hatten und sich verzogen. Luis hatte ganz schön viel Kraft. Diego starrte ihn an, als wäre ihm gerade Chapulín Colorado oder Spiderman erschienen. Sie gingen gemeinsam nach Hause, und unterwegs fragte Diego: »Warum hast du mir geholfen?«

»Weil du in Not warst«, sagte Luis. Mehr nicht.

Im Jahr darauf spielte Diego bereits bei Estrella Roja, und daher sah man ihn nicht mehr mit seinem kleinen Lederball, sondern er kickte bei den anderen Jungs mit. In dem Jahr wollte Luis sein Glück bei einem Verein versuchen, bei Lanús oder

Independiente. Alle sagten, er hätte großes Talent am Ball, und er träumte davon, Fußballprofi zu werden und in der Ersten Liga zu spielen. Doch dann wurde Luis krank. Er bekam Fieber, hatte Kopfschmerzen. Der erste Arzt, der ihn untersuchte, hatte keine Ahnung, was er haben könnte, eine Lungenentzündung vielleicht. Schließlich kam Luis ins Krankenhaus, als zu dem hohen Fieber noch furchtbare Schmerzen in den Beinen kamen. Die Kinderlähmung hatte ihn erwischt. Im Viertel wurde Geld gesammelt, für Medikamente und damit die Großeltern von Pato ins Hospital Evita fahren und sich Tag und Nacht um ihn kümmern konnten.

Nach vielen Wochen kam Luis wieder nach Hause, im Rollstuhl. Die Ärzte hatten zu seinen Eltern gesagt, er würde wieder gehen können, aber nur, wenn er sich anstrengen würde, es läge also zum Teil an ihm. Eines würde er jedoch nie wieder können, nämlich Fußball spielen. Er lebte, aber der Fußballspieler, der in ihm gelebt hatte, war gestorben. Er wollte nicht essen, er wollte nicht in seinem Rollstuhl zur Tür fahren, er wollte die Übungen nicht machen, die man ihm verordnet hatte, damit sein Zustand sich besserte. Nachts, wenn seine Eltern ihn nicht sahen, weinte er.

Eines Tages tauchte Diego auf. Luis wollte niemanden sehen, aber Diego ließ nicht locker, und Patos Großmutter, die wollte, dass ihr Sohn sich mit anderen Jungs traf, schickte ihn durch bis zur Küche, wo Luis in seinem Rollstuhl saß. Diego hatte seinen Lederball dabei, der aus der Naht ging und an manchen Stellen fast durchgescheuert war. Diego ging zu ihm hin und gab ihm den Ball.

»Weißt du nicht, dass ich gelähmt bin, du Blödmann?«, sagte Luis verärgert.

»Ich hab ihn nicht mitgebracht, damit du damit spielst. Ich habe ihn mitgebracht, damit du ihn aufbewahrst.«

»Und was bringt mir das, wenn ich ihn aufbewahre?«

»Der Ball ist das Einzige, was ich habe. Deshalb will ich ihn dir geben. Wenn ich spiele, dann wie du, ich will immer so spielen wie du.«

»Und warum machst du das?«, fragte Luis. Und Diego, der damals erst sechs oder sieben war, antwortete ihm mit den gleichen Worten wie Luis, als er ihn gegen die Jungs verteidigt hatte. Er sagte: »Weil du in Not bist.«

Mehr nicht. Dann ging er wieder. Luis weinte nicht mehr jede Nacht. Kurze Zeit später ging er an Krücken, und nach wenigen Monaten konnte er wieder allein gehen. Er hinkt immer noch leicht, aber nicht schlimm.

Bevor er wieder laufen konnte, zogen Luis und seine Eltern auf die andere Seite von Villa Fiorito. Luis ist nie wieder zu den Siete Canchitas gegangen, Diego hat er auch nie wieder gesehen. Aber Patricias Papa hat ihr erzählt, dass er in schwierigen Momenten den Ball rausholt, ihn anschaut, ihn streichelt, und schon spürt er, wie sich seine Probleme in Luft auflösen.

Laut Pato kennen alle im Viertel seine Geschichte, und es gibt immer irgendeinen Jungen oder irgendeinen neuen Nachbarn, der ihn fragt, ob er den Ball nicht mal sehen darf. Dann nimmt ihr Papa ihn aus der Anrichte und legt ihn aufs Tischtuch, damit er ihn sich anschauen kann.

»Einmal«, sagte Patricia, »kam so ein Italiener und hat ihm hunderttausend Dollar dafür geboten. Aber mein Papa wollte nicht. Er sagt, Träume darf man nicht verkaufen. Träume muss man sich bewahren, damit sie größer werden und sich erfüllen. Und ich glaube ihm.«

Das wundertätige Engelchen

Alberto Amato

Miguel Angel Gaitán wurde 1966 in Banda Florida in der Provinz La Rioja geboren. Er starb, bevor er ein Jahr alt wurde. Man begrub ihn auf dem Friedhof von Villa Unión, zweihundertsiebzig Kilometer westlich von der Provinzhauptstadt La Rioja gelegen. Sieben Jahre nach seinem Tod stellte man fest, dass sein Leichnam völlig unversehrt war. Mumifiziert, sagen die einen. Gottes Werk, meinen die anderen. Seitdem ist er das »wundertätige Engelchen«. Sie schreiben ihm magische Heilungen und unglaubliche Glücksfälle zu. Das Phänomen hat täglich mehr Anhänger, die mit Opfergaben zur letzten Ruhestätte des Jungen pilgern: ein Holzsarg mit einem Glasdeckel. Die Kirche schweigt, aber respektiert den Glauben und die Verehrung der Menschen.

Man erzählt sich außerdem, dass sich das Engelchen in manchen Nächten, wenn der Mond den zwischen Berggipfeln eingezwängten Friedhof von Villa Unión in stählernes Licht taucht, mit dem Spielzeug vergnügt, das man an seinem Grab niederlegt. Und dass am nächsten Morgen, wenn in der Sonne eine Staubwolke in den Straßen aufwirbelt, Häschen und Bären aus Plüsch, MIG-29 aus Plastik und Spielautos zum Aufziehen, die schneller als der Wind sind, dort verstreut zwischen den Nachbargräbern herumliegen, nach einer Nacht der Abenteuer und, wer weiß, vielleicht auch des geheimnisvollen Lachens und der Fantasie. So sagen die Leute.

Und sie erzählen auch, dass das Engelchen Wunder vollbringt. Dass es geheilt hat, was die Ärzte nicht heilen konnten. Dass es Schmerzen und Ängste vertrieben hat. Dass es den Tod vertreibt und das Glück anzieht. Dass es die Studenten an den schrecklichen Tagen der unerbittlichen Prüfungen beschützt. Und dass es eine besondere Vorliebe dafür hat, die Kinder zu behüten, die ganz Kleinen, all diejenigen, die im Unterschied zu ihm das Glück haben, zu leben und zu wachsen. Auch das sagen die Leute.

Geschichte, Legende und Glaube, ein tiefer und echter Glaube, ranken sich um das kurze Leben von Miguel Angel Gaitán. Er ist der Engel, den man in Villa Unión verehrt: ein Junge, der als Säugling starb und dessen brauner Leichnam seit Jahrzehnten nicht verwest.

Die Geschichte besagt, dass Miguel Angel am 9. Juli 1966 in Banda Florida geboren wurde, einem Ort, der von Villa Unión durch Wasser und Salz des Río Bermejo getrennt wird. Dass er das zwölfte Kind von Argentina Nery Olguín und Bernabé Gaitán war, die fünfzehn Kinder bekamen, von denen heute nur noch neun leben. Und dass Miguel Angel am 24. Juni 1967, fünfzehn Tage, bevor er ein Jahr alt wurde, sein Lächeln und sein Spielen ausknipste, »es war, als ob er keine Lust mehr gehabt hätte, Señor«, erzählt die Mutter. Und er starb in der gleichen Nacht, als eine Ambulanz ihn als Notfall in ein Krankenhaus von Chilecito gebracht hatte, wo eine Rettung nicht möglich war.

Die Geschichte erzählt, das Miguel Angel starb, wie Kinder sterben, wie der Dichter Raúl González Tuñón sagen würde, ohne zu fragen, woran und warum er starb. Bis heute weiß es niemand. Doktor Villagra, der Arzt, der versucht hat, ihn vor dem Tod zu bewahren, verschied vierundzwanzig Jahre nach dem Tod des Jungen und ruht nicht allzu weit vom Grab Miguel Angels. Meningitis, spekulieren heute einige Spezialisten. »Gott wollte ihn an seiner Seite«, sagt seine Mutter mit melancholischem Fatalismus.

Und da hört die Geschichte auf.

Die Legende besagt, dass sieben Jahre nach jener tragischen Nacht der Hügel aus Ziegeln und Zement, den man auf dem Grab des Kindes errichtet hatte, in sich zusammenfiel wie dem Meer preisgegebener Sand. Es gibt eine Erklärung dafür: Das Wasser, das beim Bau des Grabhügels verwendet wurde, war fast reiner Salpeter. Wenn es in dem Wüstenklima regnet, regnet es heftig. Die Kombination von Salpeter und Regengüssen führte zu dem Einsturz. Tatsächlich gibt es mehrere Gräber auf dem Friedhof von Villa Unión, die dem Lauf der Zeit, den Unwettern und dem Vergessen gewichen sind.

Folglich errichtete man einen neuen Grabhügel aus Ziegeln und Zement. Und wieder fiel er kurze Zeit später in sich zusammen, diesmal, ohne dass Regen oder Unwetter im Spiel gewesen wären. Danach, so die Legende, erschien der kleine Sarg von Miguel Angel, sein Deckel war verrutscht. Und als man ihn wieder schließen wollte, entdeckte man, dass der Säugling nicht verwest war, als ob der Tod ihn nicht angerührt hätte. Intakt.

»Er will nicht zugedeckt sein, Señor. Er will so bleiben, damit man ihn sieht.« So lag er lange Zeit in der Sonne. Und auch im Regen. Der Priester sagt, das sei etwas Neues, weil ein Toter, dessen Sarg geöffnet wird, zu Asche zerfalle. Aber er nicht.

Argentina Nery Olguín erzählt immer wieder die gleiche Geschichte. Der Leichnam von Miguel Angel Gaitán, der heute ein erwachsener Mann wäre und das harte Leben eines Arbeiters in den Weinbergen der Zone führen würde, ruht nun in einer kleinen Kiste aus blauem Holz, mit einem Vorhängeschloss gesichert, mit einem Deckel aus Glas, der den Blick auf das steinerne Gesicht freigibt, braun, ausgedörrt, mit einem dunkleren Schatten in den Augenbrauen und Wimpern. Seine Mutter spricht in der Gegenwart von ihm. Als wenn sie ihn noch wiegen, ihm noch die alten Lieder vorsingen könnte, die ihn einschlafen ließen, ihn noch den leichten Schatten des üppigen Weinlaubs anlächeln sehen könnte. Von Zeit zu Zeit öffnet Argentina Nery Olguín die blaue Kiste und vollzieht einen Ritus, den der Tod unterbrochen und das Mysterium wieder hat aufleben lassen: Sie wechselt die Kleider ihres Sohnes, damit die Besucher ihn immer tadellos und sauber sehen. Wie in der Nacht, als der Tod ihn mitnahm, wenn auch nicht ganz.

Hier endet die Legende.

Das Geheimnis hat eine wissenschaftliche Erklärung. Miguel Angel Gaitán ist mumifiziert. Doktor César Cano, Generaldirektor des Gesundheitsamtes von La Rioja, versichert, dass die Fälle von Mumifizierung nicht so selten sind, wie man denkt. »Natürlich kenne ich die Krankenakte des Jungen nicht, denn sein Tod liegt ja weit zurück. Aber man kann annehmen, dass er Muttermilch zu sich genommen hat, die das beste aller Medikamente ist, weil sie alle Keime abtötet. Wenn der Arzt, der ihn damals behandelt hat, ihm irgendein Antibiotikum gegeben hat, kann dieses Medikament ebenfalls desinfizierend gewirkt haben. Ein weiteres wichtiges Faktum, das man berücksichtigen muss, ist die Kälte: eine Konstante in Villa Unión. Miguel Angel starb Ende Juni, wenn es dort sehr kalt ist. Und er wurde in einem Boden beerdigt, der noch kälter war. Der Leichnam könnte eingefroren und die Zellzerstörung dadurch aufgehalten worden sein. Und wenn der Leichnam beginnt zu mumifizieren, kann er sehr lange Zeit überdauern.«

Aber der Arzt weiß wie wir alle, dass, wo der Glaube beginnt, die Vernunft endet. Und der Glaube entstand fast gleichzeitig mit der Legende.

Zuerst waren es einige Schüler, die an den Ort kamen, an dem Miguel Angel aufgebahrt war, fast unter freiem Himmel. Sie berührten die Stirn des Engelchens (der Kleine wird von allen nur so genannt) mit den Händen und baten um das Unmögliche: die unzugängliche Algebra, die finstere Mathematik II, die undurchdringliche Geschichte, die rätselhafte Geografie. Als das Wunder sich vollzog, zahlten die Schüler mit einem Spielzeug, mit dem, das ihnen am liebsten war. Um Miguel Angel in den langen Nächten der Ewigkeit zu unterhalten.

Danach kamen die Kranken. Der Taxifahrer Daniel Saavedra, Opfer einer seltsamen Erkrankung der Bauchspeicheldrüse, besuchte Miguel Angel vor einigen Jahren. Innerhalb von drei Wochen war er geheilt, und heute zeigt er lächelnd die nutzlosen Narben der modernen Chirurgie. Margarita de Rodríguez erzählt, ihre Tochter habe Kehlkopfkrebs gehabt und dass sie die Stirn des toten Jungen berührt habe und dann seinen Hals: Er heilte. Carmen Gorriz verlor ihren alten Ford durch ihren Bruder, der mit den Assen der Formel 1 wetteifern wollte. Sie erzählt, sie sei vierhundertachtzig Kilometer mit dem Bus gefahren, nur, um das Engelchen zu berühren und es um die Gnade zu bitten, das Unwiederbringliche wiederzubekommen: Eine Woche später gewann sie in einer von ihrer Kirchengemeinde organisierten Tombola einen nagelneuen Peugeot.

Der Glaube sagt, dass die Wunder sich vervielfachten. Sodass man einen Glasdeckel auf den Wiegen-Sarg setzen musste, in dem Miguel Angel seine ewige Kindheit schläft, damit die vielen Hände ihn nicht beschädigen. Und man musste ein kleines Pantheon errichten, das so viele Spielzeuge, Dreiräder, Fahrräder und zurückgelassene Krücken für immer beherbergen kann, so viele Hefte von glücklichen Schülern, so viele Blumen und Bronzeplaketten, die Zeugnis ablegen von der

Dankbarkeit für Tausende von Wundern des Engelchens. Es gibt sogar ein Foto, das ein Dreikäsehoch aus Dankbarkeit »dafür, dass du mich zum Karatemeister gemacht hast«, angebracht hat.

»Viele der Spielzeuge schenke ich den Schulen der Gegend. Mit den Fahrrädern habe ich einige Tombolas veranstaltet. Jetzt haben wir ein Zimmer angebaut, um all die Dinge, die sie dalassen, aufzubewahren.« Seit seinem Tod besucht Argentina Nery Olguín zweimal pro Tag die kleine Gruft ihres Sohnes. Jetzt verkauft sie, wenn man darum bittet, einige kleine Fotos vom Engelchen in seinem Sarg, für zwei Pesos. Aber es ist nicht deswegen, dass sie so eisern Wache hält, trotz der Unpässlichkeiten des Alters: Vor Jahren, als das Engelchen noch nicht mit dem Glas zugedeckt war, kam jemand und hat ihm ein Glied vom Finger abgerissen, an dem ein kleiner Ring steckte, und auch einige Opfergaben sind verschwunden. Und es ist möglich, dass das Engelchen nachts spielt, aber man darf nicht mit ihm spielen: Miguel Angel, so sagen die Leute, hat die Launen eines Babys, und es ist besser, ihn nicht zu verärgern. Es gab Leute, die sich viel Zeit damit ließen, ihr Versprechen zu erfüllen. Und dann »kamen sie doch noch und ließen ihm einige Spielzeuge da, wissen Sie? Genau hier ließen sie sie. Und dann fuhren sie mit ihrem Wagen weg, ich glaube, nach Chilecito, Señor. Und als sie dann in Chilecito ankamen, waren die Spielzeuge wieder im Kofferraum des Autos, wo sie sie herausgenommen und hiergelassen hatten. So haben sie es mir erzählt, Señor.«

María de los Angeles López hat einen Brief dagelassen, den sie aus Chamical mitgebracht hat. Aus Zárate, in der Provinz Buenos Aires, haben sie ein aus Holz geschnitztes Kaninchen gebracht. Aus Río Gallegos eine Plakette, die sich »für den Gefallen« bedankt. Und vor einigen Minuten hob María de Ontiveros ihre sechs Monate alte Enkelin Ariana in die Höhe, »damit sie das Gesicht des Engelchens sieht und es sie beschützt. Wir sind aus Vichigasta gekommen, denn wir hatten Pech mit dem Glück, und meine Söhne waren ohne Arbeit. Jetzt konnten sie welche bekommen. Der Älteste verkaufte seinen alten Estanciera-Transporter, der nicht mehr lief, und er konnte sich einen besseren kaufen. Und so erfüllt mir das Engelchen nach und nach meine Wünsche.«

Die Kirche bewahrt vorsichtshalber Schweigen über Miguel Angel Gaitán. Der Bischof von La Rioja zieht es vor, jeglichen Kommentar dem Gemeindepfarrer von Villa Unión zu überlassen. Enrique Martínez ist der Priester des Ortes. In Córdoba geboren, lebt er schon Jahrzehnte in La Rioja. Er orientiert sich in seiner Arbeit als Pfarrer an dem einst sozial sehr engagierten Bischof Enrique Angelelli. Als Angelelli 1976 von den Militärs ermordet wurde, stand Martínez kurz vor Abschluss des Priesterseminars.

»Die Kirche bezieht zu solchen Phänomenen nicht offiziell Stellung. Im Allgemeinen lässt man viel Zeit verstreichen. So etwas wie eine dogmatische Erklärung gibt es nicht. Man kann die Sache mit dem unversehrten kleinen Leichnam rational erklären: das trockene Klima, die Kälte. Man kann die Geschichte mit dem Sargdeckel in Zweifel ziehen. Aber was sehr wohl Respekt verdient, ist die Religiosität der Menschen, die kommen und sagen, das Engelchen habe ein Wunder vollbracht.«

Pater Enrique weiß, wovon er spricht. Er kam selbst mit den Geschehnissen rund um Miguel Angel Gaitán in Kontakt. Die Mutter des Engelchens bat ihn um eine Messe für ihren Sohn. Und Pater Enrique sah, was er seit Jahrzehnten als Pfarrer in diesem schönen und armen Landstrich sieht. »Es gab sehr einfache Leute, aus den Dörfern und aus der Stadt La Rioja. Leute, die kein Geld für eine Vergnügungsreise haben und sich eine Fahrt hierher leisten: ein doppeltes Opfer. Und sie kommen, um ein Versprechen zu erfüllen. Wer sind wir, dass wir sagen können, welche Wege Gott wählt, um sich zu zeigen? Schließlich ließ Gott die Eselin von Balaan sprechen, um sein Wort zu verkünden. Wenn sich der Glaube der Menschen auf so fassbare Art ausdrückt, spricht dies für eine tiefe Beziehung zu Gott. Und das verdient unseren Respekt. Und außerdem, wer sagt mir, dass dieser Junge sich nicht im Himmel zur Rechten Gottvaters befindet?«

Kann es sich um einen Fall von Massensuggestion handeln? Vor ein paar Sekunden sagte eine Frau an dem Sarg mit dem Glasdeckel, sie habe den Eindruck gehabt, dass Miguel Angel ihr zugelächelt habe. Nun lächelt Pater Martínez.

»Ich weiß von Leuten mit Universitätsabschluss, einer Lehrerin, die mit einem Luftfahrtsingenieur verheiratet ist, beide seit vielen Jahren katholisch, die hierherkamen, um ein Versprechen einzulösen, das sie dem Engelchen gegeben hatten. In einem Moment der Verzweiflung haben sie um die Gesundheit eines Menschen gebeten. Und der Patient erholte sich. Es erstaunt nicht, dass sie das Engelchen um Wunder bitten, die mit der Gesundheit zu tun haben. Das ist ein Zeichen für die Krise: Es handelt sich meist um Leute, die keinen Zugang zur Gesundheitsversorgung haben. Hier gibt es auf 22 000 Quadratkilometer nur ein Krankenhaus für Schwerkranke. Du hast eine Bauchfellentzündung – wie wirst du dich da nicht dem Engelchen anvertrauen? Wenn man mich fragt, ob das Engelchen wundertätig ist, kann ich nur sagen, dass ich es um kein Wunder gebeten habe. Aber ich kenne Leute, die es getan haben. Und das verdient meinen Respekt.«

Fernab der Polemik schläft Miguel Angel Gaitán seinen endlosen Kinderschlaf. Dieser Schlaf wird eifersüchtig von seiner Mutter bewacht sowie von der stillen Seele der Berggipfel, dem Salz des Bermejo-Flusses, dem Mond über La Rioja und den Teddybären, die ihm seine Geschwisterchen im Unglück bringen. Dem Wunderjungen scheint dies zu reichen. Ob er wirklich in den ruhigen Nächten, in denen er sich in der Ewigkeit langweilt, mit diesem Spielzeug spielt? Die Stimme Pater Enriques ist ein Echo: »Frag nicht weiter. Wunder haben keine Logik.«

Eindringling

Jorge Luis Borges

Es heißt (doch das ist unwahrscheinlich), Eduardo, der Jüngere der Nelsons, habe diese Geschichte bei der Totenwache für Cristián erzählt, den Älteren, der um die 1890 im Distrikt Morón eines natürlichen Todes starb. Sicher ist, dass im Verlauf der langen, vergessenen Nacht zwischen einem Mate und dem nächsten jemand sie von jemandem hörte und sie Santiago Dabove weitererzählte, von dem ich sie erfuhr. Jahre später wurde sie mir in Turdera, dem Ort der Handlung, abermals erzählt. Die zweite, etwas ausführlichere Fassung bestätigte im Grunde die von Santiago, wenn auch mit den üblichen kleinen Veränderungen und Abweichungen. Ich schreibe sie jetzt nieder, weil in ihr, wenn ich mich nicht irre, ein kurzes und tragisches Spiegelbild dessen enthalten ist, was die ehemaligen Stadtrandfiguren ausmachte. Ich werde es mit Redlichkeit tun, sehe aber bereits voraus, dass ich der literarischen Versuchung erliegen werde, Einzelheiten zu betonen oder hinzuzufügen.

In Turdera hießen sie die Nilsens. Der Pfarrer sagte mir, sein Vorgänger habe sich noch erinnert, im Haus dieser Leute, nicht ohne Überraschung, eine abgegriffene, schwarz gebundene Bibel in gotischer Schrift gesehen zu haben; auf den letzten Seiten habe er handschriftliche Namen und Daten entdeckt. Es war das einzige im Haus vorhandene Buch. Die unheilvolle Chronik der Nilsens, dahingegangen, wie alles dahingehen wird. Das Wohnhaus, das nicht mehr steht, war ein unverputzter Backsteinbau; vom Bogengang aus war ein rot gefliester Patio, dahinter einer aus gestampfter Erde zu sehen. Wenige, wenn überhaupt, traten dort ein; die Nilsens verteidigten ihre Einsamkeit. In den kahlen Stuben schliefen sie auf Pritschen; ihr Luxus waren das Pferd, das Pferdegeschirr, der kurze Dolch, protzige Kleidung an Samstagabenden und der Streit stiftende Alkohol. Ich weiß, dass sie groß waren und rothaarig. Dänemark oder Irland, Namen, die sie wohl nie gehört hatten, kreisten im Blut der beiden Criollos. Das Stadtviertel fürchtete die Rotschöpfe; es ist möglich, dass sie jemanden getötet hatten. Einmal kämpften sie Schulter an Schulter gegen die Polizei. Es heißt, der jüngere habe sich mit Juan Iberra angelegt und dabei nicht den Kürzeren gezogen, was den Sachverständigen zufolge viel heißen will. Sie waren Viehtreiber, Fuhrmänner, Pferdediebe und gelegentlich Falschspieler. Sie galten als Geizhälse, außer wenn Trunk und Spiel sie großzügig machten. Von Verwandten ist nichts bekannt, auch nicht von ihrer Herkunft. Sie besaßen einen Karren und ein Joch Ochsen.

Körperlich unterschieden sie sich von der Zunft, die der Costa Brava ihren anrüchigen Spitznamen verlieh. Dies und was wir nicht wissen, trägt zum Verständnis ihrer Einigkeit bei. Sich mit einem verfeinden hieß zwei Feinde einhandeln.

Die Nilsens waren Schürzenjäger, doch hatten sich ihre Liebesabenteuer bislang in Bogengängen oder Bordellen abgespielt. Es gab daher reichlich Kommentare, als Cristián sich Juliana Burgos ins Haus holte. So gewann er zwar ein Dienstmädchen, überschüttete sie aber gleichzeitig mit scheußlichem Flitterkram und gab bei Festen mit ihr an. Bei jenen armseligen Tanzfesten in den Mietskasernen, wo gewisse Tangoschritte verpönt waren und wo noch mit viel Abstand getanzt wurde. Juliana hatte bräunliche Haut und Schlitzaugen; es brauchte sie einer nur anzusehen, damit sie lächelte. Für ein bescheidenes Viertel, wo Arbeit und Vernachlässigung die Frauen verbrauchen, sah sie nicht übel aus.

Anfangs begleitete Eduardo die beiden. Dann unternahm er eine Reise nach Arrecifes wegen irgendeines Geschäfts; bei seiner Rückkehr brachte er ein Mädchen mit, das er unterwegs aufgegabelt hatte, warf sie aber nach wenigen Tagen hinaus. Er wurde zusehends mürrisch, betrank sich allein in der Ladenschenke und ließ sich mit niemandem ein. Er war in Cristiáns Frau verliebt. Das Viertel, das es womöglich vor ihm wusste, sah mit hämischer Schadenfreude die zwischen den Brüdern schwelende Rivalität voraus.

Als Eduardo eines Abends spät von der Eckkneipe zurückkam, erblickte er Cristiáns Braunen am Pfosten angebunden. Im Patio erwartete ihn der Ältere im Sonntagsstaat. Die Frau kam und ging, den Mate in der Hand. Cristián sagte: »Ich gehe zu einer Sauferei bei den Farías. Hier hast du Juliana; gebrauch sie, wenn du willst.«

Sein Tonfall war halb herrisch, halb herzlich. Eduardo starrte ihn eine Weile an; er wusste nicht, was tun. Cristián stand auf, verabschiedete sich von Eduardo, nicht von Juliana, die ein Gegenstand war, bestieg sein Pferd und trabte davon, ohne Hast.

Seit jener Nacht teilten sie sich Juliana. Niemand wird die Einzelheiten dieser schmierigen Verbindung erfahren, die das Anstandsgefühl der Vorstadt verletzte. Das Arrangement ging ein paar Wochen gut, konnte jedoch nicht dauern. Untereinander sprachen die Brüder Julianas Namen nicht aus, nicht einmal, um sie zu rufen, aber sie suchten und fanden Gründe, um nicht einig zu sein. Wenn sie über den Verkauf von ein paar Häuten stritten, stritten sie in Wirklichkeit über etwas anderes. Dann wurde Cristián laut, und Eduardo verstummte.

Ohne es zu wissen, waren sie aufeinander eifersüchtig. In dem rauen Vorort gab ein Mann nicht einmal sich selbst gegenüber zu, dass eine Frau einem etwas bedeuten konnte, jenseits von Begierde und Besitz, und doch waren die beiden verliebt. Das demütigte sie irgendwie.

Eines Nachmittags begegnete Eduardo auf der Plaza von Lomas Juan Iberra, der ihn zu der Schönheit, die er sich besorgt hatte, beglückwünschte. Ich glaube, das war die Gelegenheit, bei der Eduardo ihn verwundete. Niemand sollte Cristián in seiner Gegenwart verspotten.

Die Frau bediente die beiden mit tierischer Unterwürfigkeit, konnte indes nicht eine gewisse Vorliebe für den Jüngeren verbergen, der die Teilhaberschaft zwar nicht abgelehnt, aber jedenfalls nicht angeordnet hatte.

Eines Tages befahlen sie Juliana, zwei Stühle in den vorderen Patio zu bringen und sich dort nicht blicken zu lassen, denn sie hätten zu reden. Sie rechnete mit einem langen Gespräch und hielt eine Siesta, wurde aber bald geweckt. Sie ließen sie einen Sack mit ihren Siebensachen füllen, den Rosenkranz aus Glasperlen und das kleine Kruzifix nicht zu vergessen, das ihr ihre Mutter hinterlassen hatte. Ohne ihr etwas zu erklären, hoben sie sie auf den Ochsenkarren und machten sich auf eine stumme und langweilige Reise. Es hatte geregnet; die Wege waren verschlammt, und es mag gegen drei Uhr morgens gewesen sein, als sie in Morón ankamen. Dort verkauften sie sie an die Besitzerin des Bordells. Der Handel war schon vorher abgemacht gewesen; Cristián kassierte den Betrag und teilte ihn später mit dem anderen.

In Turdera wollten die in dem (zur Gewohnheit gewordenen) Dickicht ihrer monströsen Liebschaft verirrten Nilsens wieder ihr altes Leben von Männern unter Männern aufnehmen. Sie kehrten zum Kartenspiel zurück, zum Hahnenkampf, zu gelegentlichen Kneipereien. Manchmal vielleicht glaubten sie sich gerettet, erlaubten sich aber, unabhängig voneinander, nicht oder kaum begründete regelmäßige Abwesenheiten. Kurz vor Jahresende sagte der Jüngere, er habe in der Hauptstadt zu tun. Cristián ritt nach Morón; am Pfosten des bekannten Hauses erkannte er Eduardos Falben. Er trat ein; drinnen war der andere und wartete darauf, an die Reihe zu kommen. Anscheinend sagte Cristián zu ihm: »Wenn wir so weitermachen, machen wir nur unsere Gäule kaputt. Wir sollten sie wohl besser zur Hand haben.«

Er sprach mit der Besitzerin und zog ein paar Münzen aus seinem Gürtel; dann nahmen die beiden sie mit. Juliana ging mit Cristián; Eduardo spornte seinen Falben an, um sie nicht sehen zu müssen.

Sie kehrten zum erwähnten Zustand zurück. Die niederträchtige Lösung war fehlgeschlagen, da beide der Versuchung des Betrugs erlegen waren. Kain hatte die Hand im Spiel, aber die Zuneigung zwischen den Nilsens war groß – wer weiß, welche Härten, welche Gefahren sie geteilt hatten! –, und so zogen sie es vor, ihre Erbitterung an anderen auszulassen. An einem Unbekannten, an den Hunden, an Juliana, die die Zwietracht gesät hatte.

Der Monat März ging zu Ende, und die Hitze ließ nicht nach. Eines Sonntags (an Sonntagen geht man gewöhnlich früh schlafen) sah Eduardo, der von der Ladenschenke zurückkam, dass Cristián die Ochsen ins Joch spannte. Cristián sagte: »Komm, wir müssen beim Mulatten Häute abliefern. Ich hab sie schon aufgeladen; wir wollen die Kühle nutzen.«

Der Laden des Mulatten lag, glaube ich, weiter südlich; sie nahmen den alten Viehweg, dann bogen sie in einen Seitenpfad ab. Bei Einbruch der Nacht weitete sich das Feld.

Sie kamen an einem Schilfdickicht vorbei; Cristián warf die Zigarre fort, die er angezündet hatte, und sagte ohne Eile: »An die Arbeit, Bruder. Nachher helfen uns die Bussarde. Heut hab ich sie getötet. Soll sie hierbleiben mit ihrem Plunder. So richtet sie keinen Schaden mehr an.«

Sie umarmten einander, fast weinend. Nun hielt sie ein weiteres Band: die trostlos geopferte Frau und die Verpflichtung, sie zu vergessen.

Evita – Warum die Armen um sie weinen

Mario Valentino

Bañado de Flores war ein großes, schlammiges Stück Brachland am Stadtrand. Dorthin hatten sich seit Jahren die Ärmsten der Armen geflüchtet, die *cabecitas negras,* Schwarzköpfchen, die aus dem Landesinneren mit der Hoffnung kamen, in der riesigen Stadt Arbeit zu finden. Sie überlebten mit Mühe und Not mit schlecht bezahlten Gelegenheitsarbeiten, sammelten noch Brauchbares auf Müllkippen und schickten ihre Frauen und Töchter in die eleganten Stadtviertel, damit sie sich dort als Hausmädchen verdingten. Das Elendsviertel Bañado de Flores war nicht das einzige seiner Art, aber es machte vielleicht dem Namen am meisten Ehre, war es doch das elendste, ungesündeste und dunkelste des Gürtels von Armenhütten, der Buenos Aires umgab. Seine Bewohner lebten auf engstem Raum in wackeligen Schuppen, die sich gegenseitig stützten und aus Kisten und alten, verrosteten Blechstücken zusammengezimmert waren; sie fanden unter grotesken, unförmigen Zelten aus Sackleinen Obdach oder unter den Verdecken alter Autos, die zur Hälfte im Lehm steckten. Für die Gemeinde gab es den gespenstischen Vorort nicht, und so verfügte er weder über Elektrizität noch über sanitäre Einrichtungen. Die Frauen und Kinder zogen alte Öl- oder Schmiermittelfässer an improvisierten Henkeln aus Draht hinter sich her und stellten sich damit vor dem einzigen Wasserkran des Viertels in die Schlange.

Major Aloé stieg aus dem Wagen und öffnete die Tür des Fonds. Sie setzte einen Fuß auf die Erde und schaute auf jene danteske Landschaft, deren Not unter der strahlenden Morgensonne noch grausamer aussah. Von überall tauchten plötzlich Schwärme von kleinen, zerlumpten Kindern auf und drängten sich um das Auto.

»Evita! Evita! Evita!«

Sie streckten die dunklen, rauen Händchen nach ihr aus, die aus zerfransten Ärmeln schauten.

»Eine Münze, Evita! Eine Münze!«

»Eine Münze, Señora!«

Mit einem Kloß im Hals fing sie an, Geld zu verteilen, und ihre feuchten Augen verweilten bei den Zeichen des kindlichen Elends: der magere Po, der aus den Fetzen einer Hose hervorlugte, ein durch den grünen Star halb geschlossenes Auge, ein Lächeln kaputter Zähne. Ein kleines Mädchen, das auf seinen nackten Füßen kaum stehen konnte, hob sein mit Schorf bedecktes Köpfchen und streckte wimmernd die Ärmchen aus.

Sogleich beugte sich Eva herunter und nahm das Mädchen auf den Arm. Renzi näherte sich unauffällig. »Küssen Sie sie nicht, Señora«, flüsterte er. »Sie könnte ansteckend sein.«

Eva warf ihm einen empörten Blick zu. »Sei nicht dumm, Renzi«, knurrte sie.

Sie näherte ihre Lippen der verletzten Haut der Kleinen und legte sie dann in die Arme des verblüfften Sekretärs.

»Nimm sie mit«, befahl sie. »Gehen wir zur Kommission.«

Renzi hielt das Mädchen, das anfing, mit seiner Krawatte zu spielen. Der Mann schluckte und schaute seine Chefin an.

»Entschuldigen Sie, Señora; Sie haben recht. Es war dumm, was ich gesagt habe.«

Evita stimmte ihm lächelnd zu, drehte sich um und steuerte auf eine Gruppe von Frauen zu, die ein paar Meter weiter auf sie warteten. Es handelte sich um die peronistische Basisgruppe des Viertels, die Evita kürzlich in einem Brief um Hilfe gebeten hatte. Aber die Frauen hatten niemals damit gerechnet, dass sie sie persönlich aufsuchen, mit ihren hochhackigen Schuhen den Pfützen ausweichen, ihnen die Hand ausstrecken und Doña Pancha küssen würde, die Älteste von ihnen, die ihr einen Strauß halb verblühter Blumen überreichte.

»Señora de Perón«, sagte die Frau zitternd vor Angst. »Ich habe … ich habe die Ehre, Sie in unserem Viertel … willkommen zu heißen, im Namen der …, im Namen der …«

»Der peronistischen Basisgruppe …«, sagte ihr das Mädchen vor, das neben ihr stand.

»Der Basis …« Der alten Frau versagte plötzlich die Stimme, und ihre Augen füllten sich mit Tränen.

Sie nahm Evas Hände und küsste sie mit Inbrunst, weinend, den Kopf mit dem weißen Haar in die welken Blumen versenkt.

»Ich wusste es, Evita«, schluchzte sie. »Ich wusste, dass Sie kommen würden …«

»Es lebe die Compañera Evita!«, rief das Mädchen und erhob die Faust.

Dann nahmen sie sie mit, um das Viertel kennenzulernen.

Sie lief durch die gewundenen, feuchten und übel riechenden Gänge; sie schaute in jede der verwahrlosten Wohnungen ohne Licht, sah die schmutzigen Strohsäcke, die oftmals als Bett dienten, die kranken Alten, in den Ecken geduckt, ganze Familien zusammengedrängt in Hütten aus Ästen und Säcken, pampige Nudeln in einer dünnen Brühe, die in einem verbeulten Messingtopf kochten. Die scheuen Blicke und die zusammengebissenen Zähne der Männer, die ohne Wollust auf ihre in Seide gehüllte Brust und ihre weißen Beine schielten, mit ungläubiger und distanzierter Bewunderung.

Als sie eine Hütte betrat, entdeckte sie im trüben Halbdunkel ein wenige Monate altes Kind, das auf Lumpen schlief, das Gesicht bedeckt von einer dunklen Haarlocke, wie es schien. Als sie sich bückte, um sie ihm aus dem Gesicht zu streichen, stieg von dem kleinen Kopf, der völlig kahl war, ein surrender Fliegenschwarm auf. Eva unterdrückte einen Schrei und legte sich die Hände auf den Bauch.

»Es gibt hier viele Fliegen, Señora«, sagte die Mutter des Kindes, »wegen dem Müll und der Feuchtigkeit, nicht wahr?« Sie lächelte, wobei ihre beiden einzigen gelben Zähne zum Vorschein kamen, und zog den verwaschenen Vorhang zurück, der als Tür diente. »Wir sind daran gewöhnt ...«

Später, im Auto, das sie zurück zur Residenz brachte, gab eine blasse und verhärtete Evita Renzo und Aloé ihre Befehle. Die beiden hörten ihr schweigend und mechanisch mit dem Kopf nickend zu.

»Ich möchte, dass Sie mit wem auch immer sprechen; mit dem Bürgermeister, den Ministern, mit dem Papst, wenn nötig ... Ich gebe Ihnen drei Tage, um all diese Leute an einen menschenwürdigen Ort zu bringen, und drei Monate, um jeder Familie ein festes Haus zu verschaffen. Ich will, dass gleich morgen medizinisches Personal dorthin geht. Und dass man den Arbeitslosen eine Arbeit besorgt. Ich werde persönlich überwachen, dass dies auch umgesetzt wird, und danach ...«

»Und danach, Señora?«

»Danach möchte ich, dass dieser Schmutz niedergebrannt wird; damit keine Spur mehr bleibt von der Schande, in der die Menschen leben mussten ... Eine Schande für uns alle, meine ich.«

»Ja, Señora, ich verstehe. Es wird geschehen, wie Sie wünschen.«

Perón, der große Manipulator

Christoph Kuhn

»Nur ein Argentinier kann den Peronismus verstehen. Ich könnte fünf Jahre lang mit Ihnen reden, und Sie würden den Peronismus noch immer nicht verstehen.« Das ist ärgerlich. Niederschmetternd. Schließlich möchte man den Peronismus begreifen, weil man tatsächlich ohne dieses Wissen Argentinien – und die Argentinier – nicht verstehen kann. Die apodiktischen und deshalb entmutigenden Sätze hat ein gewisser Pater Mújica, Priester der Armen und heimlicher Förderer der Stadtguerilla, 1971 dem späteren Nobelpreisträger V. S. Naipaul ins Gesicht geschleudert. Naipaul bereiste Argentinien mehrmals und widmete dem Land (unter anderem) unter dem Titel *Argentinien: mit der Grausamkeit leben* eine jener pessimistischen Reportagen, für die er berühmt geworden ist. Je tiefer er eindringt ins Land, je näher und besser er es kennenlernt, umso gnadenloser – und ebenfalls apodiktischer – werden seine Kommentare. Den Peronismus jedenfalls kann er nicht leiden. Borges, dem er eine Aufwartung machte und der den Peronismus hasste (ein Gefühl, das, was die Pioniere der Bewegung angeht, durchaus auf Gegenseitigkeit beruhte), wird ihm diese herzliche Abneigung gedankt haben.

Was das Verständnis, um das man sich selbstverständlich

bemühen muss (ein, so viel sei vorweggenommen, durchaus nicht hoffnungsloses Unterfangen), erschwert, hat mit dem Umstand zu tun, dass der Peronismus buchstäblich alles Mögliche, überhaupt alles bedeuten kann. So würde einem Naipauls Priester oder sonst wer in den fünf Erklärungsjahren Hunderte von Definitionen servieren können, die sich auch ohne Weiteres widersprechen dürften; es würde sich immer eine Gruppe von nickenden Argentiniern finden. Weil dem so ist, wäre der Peronismus schnell erklärt. Aber er wäre unbefriedigend erklärt. Ein Begriff, der sowohl Revolution nach linker wie Wirtschaftsentwicklung nach rechter Methode, der Verstaatlichung und Neoliberalismus abdeckt, glühenden Nationalismus beschwört und globales Sich-Öffnen verlangt, verkommt zur Worthülse.

Der Peronismus ist autoadhäsiv, wie der Philosoph José Pablo Feinmann 2006 in einer seiner unterhaltsamen Kolumnen in der Zeitung *Página 12* schreibt. Er bringe vieles auf einen Nenner, überlebe seine Erfinder, seine Vor- und Weiterdenker, zeige kaum Ermüdungserscheinungen, erhitze weiterhin die Gemüter, steige alle paar Jahre wie Phönix aus der Asche. Eines der bösartigeren geflügelten Wörter in Argentinien besagt, dass ein überzeugter Peronist auch ein Pferd zum Präsidenten wählen würde, wenn das Pferd Peronist ist und die Partei das befiehlt. Nicht ohne Berechtigung macht sich Feinmann in seiner Kolumne über die Europäer lustig, die den Peronismus für »incomprensible« (unverständlich) halten. Wir Argentinier sind nicht zu verstehen (wir sind die Unverstandenen), meint Feinmann; von den Europäern jedenfalls können wir nicht verstanden werden, denen wir zwar unbedingt so gleich wie möglich sein wollen, die aber, im Gegensatz zu uns, transparent bleiben. Kartesianer. Aber was denn der Peronismus ist oder sein könnte, sagt uns Feinmann in seiner Kolumne nicht. Eine Zeitungskolumne ist ja auch kaum das geeignete Gefäß, um einem den Peronismus zu erklären, vor allem taugt sie nicht als Ersatz für fünf Jahre Redezeit.

Am nächsten kommt man dem, was Peronismus bedeutet oder mindestens bedeutete, wenn man den Fokus auf die Person seines Erfinders richtet. Juan Domingo Perón (1895–1974) war und ist in gewissem Sinn immer noch der Peronismus, ähnlich wie de Gaulle allein den wahrhaftigen Gaullismus verkörpert, über den Tod hinaus. Die Gesetzmäßigkeiten, Prinzipien, Ziele jener Bewegung, später politischen Partei, die sich bis heute mal Peronismus, mal Partido Justicialista (Justizialismus, Gerechtigkeitspartei) nennt, waren immer eng mit den persönlichen Überzeugungen Peróns verknüpft. Und weil der General ein höchst widersprüchlicher Charakter war, weil das, was er in seiner ersten Amtszeit vertrat, sich schon sehr von dem unterschied, was er in der zweiten wollte, und fast gar nichts mehr mit dem zu tun hatte, was er als alter Rückkehrer 1973 versuchte, ist auch der Peronismus ständigen Kursänderungen unterworfen und findet, wenn er sich häutet und verwandelt, seine Legitimation bis heute in der Gründerfigur, die von allen seinen politischen Erben stets als Ausbund der Weisheit, als Maß aller Dinge, als unfehlbar wie der Papst bezeichnet wird.

Übrigens hielt sich Perón tatsächlich für unfehlbar, wie sich seinen Memoiren entnehmen lässt. Genauer: Er kultivierte die Idee seiner Unfehlbarkeit, ließ sie aufkommen, sich verbreiten in den Medien und im Volk. Ob er selber dran glaubte, darf bezweifelt werden. Er war in erster Linie Stratege und ein ganz großer Manipulator. Weil die Unfehlbarkeitsvermutung der Manipulation der Massen dienlich war, gehörte sie zum strategischen Plan.

Seine (diktierten und von ihm autorisierten) Memoiren sind auch dann ein nützliches Hilfsmittel, um sein Wesen zu ergründen, wenn man alle bewusst vernebelnden, beschönigenden, der frühen Legendenbildung dienenden Floskeln, Behauptungen, Lügen in Rechnung stellt. Zum Peronismus meint er in den Memoiren einmal: »Der Peronismus ist das Heterodoxeste, was es gibt: Alles hat in ihm Platz.« Er liebte es, mit kostbaren Fremdwörtern aufzutrumpfen, wenn er theoretisierte und schrieb, und profilierte sich gleichzeitig als jemand, der alles »muy simple« (sehr einfach) fand, zu jeder Frage eine rasche, kurze Antwort parat hatte und schwergewichtige Programme am liebsten in drei Schlagwörtern verpackte. Interessant immerhin, dass er für die Erklärung der Beliebigkeit des Peronismus ein dem Griechischen entlehntes Wort benutzt, das man gemeinhin in religiösen Zusammenhängen benutzt und das eigentlich eine abweichende Haltung zum einzig richtigen Glauben bezeichnet.

Der Soziologe Guido di Tella, der zu Präsident Carlos Menems Zeiten (1989–1999), als die Beziehungen zu den USA schon fast einer Liebesleidenschaft glichen (was für den ersten und zweiten Perón einer Todsünde gleichgekommen wäre), Botschafter in Washington war, bezeichnete den Peronismus als seiner Natur nach pragmatisch. »Wir (Peronisten) sind«, so wird di Tella zitiert, »das, was die Zeiten verlangen, das wir sein sollen.« Eine Formulierung, in der viel von dem Platz hat, was Perón sein Leben lang vertreten und getan hat.

Perón hat die entscheidenden Jahre seines Lebens im Militär verbracht. Das Militär blieb seine Heimat bis in die Zeit seiner Präsidentschaften hinein; sein Denken, sein Trachten waren immer militärisch geprägt. Er hat mehrfach von sich gesagt, dass er als Militär ein Profi sei, als Politiker ein Dilettant. Freilich war er auch der Überzeugung, dass seine militärischen Fähigkeiten ausreichten, um ein Land zu regieren, ja dass es unerlässlich und nutzbringend sei, ein Land auch als demokratisch gewählter Präsident nach militärischen Überlegungen und Regeln zu führen.

Führen, Führung spielten in seinem Denksystem Schlüsselrollen. Und eben die Strategie. Der Begriff, ursprünglich ausschließlich auf den Krieg angewendet, bezeichnet den Plan einer Heeresführung, nach dem vorgegangen wird, um einen Feind zu vernichten. Der preußische General und Militärschriftsteller Carl von Clausewitz gilt als Klassiker strategischen Denkens – und Perón war einer seiner gelehrigen Schüler. Napoleon war ein Meister kriegerischer Strategie – und Perón bewunderte ihn. In Buenos Aires hatte er die Offiziersschule besucht, und er teilte die notorische Begeisterung der argentinischen Militärkaste fürs Preußentum, fürs deutsche Militär. 1930 avancierte er zum Mitglied des Generalstabs und zum Professor für Militärgeschichte, beteiligte sich an einem erfolglosen Militärputsch gegen den gewählten Präsidenten und wurde anschließend als Militärattaché in verschiedenen Ländern eingesetzt. Eine erfolgreiche Karriere, die ihn schließlich als offiziellen militärischen Beobachter nach Europa führte, wo er sich als Sympathisant Francos und schrankenloser Bewunderer Mussolinis erklärte.

In den Dreißigerjahren hat Perón junge Offiziere ausgebildet, Vorträge gehalten und verschiedene militärische Schriften publiziert, mehr oder weniger unter Ausschluss der Öffentlichkeit. Der vortreffliche, oben erwähnte Feinmann widmet in einem Essaybändchen mit dem Titel *La sangre derramada* (Das vergossene Blut), das, wie der Titel anschaulich zeigt, Gewalt und Grausamkeit als Konstanten argentinischer Geschichte sieht, Perón ein Kapitel, in dem er auf eine von dessen kleinen Schriften eingeht: Sie heißt *Apuntes de Historia militar* (Anmerkungen zur Militärgeschichte) und charakterisiert, zusammen mit den Vorträgen, die Professor Perón hielt, weitgehend sein Denken, seine Ziele, seine Strategien. Kernstücke von dem, was dann Ende der 1940er-Jahre als Peronismus das Licht der Welt erblickte, sind hier vorweggenommen.

Im Zentrum dieser militärisch orientierten Tendenzen des frühen Peronismus steht der berühmte Satz von Clausewitz, dass der Krieg nichts anderes sei als die Fortsetzung der Politik mit anderen Mitteln. Für Perón gilt eher die Umkehrung: dass also die Politik nichts anderes wäre als die Fortsetzung des Krieges mit anderen Mitteln. Den Krieg hat der Professor für Militärgeschichte ausgiebig studiert, jedoch als Präsident nie geführt. Als politischer Führer hat er kriegerische Doktrin, kriegerisches Verhalten gepredigt.

Dass Kriege Akte der Gewalt bedeuten, mit dem Ziel, dem Gegner seinen Willen aufzuzwingen oder den Feind zu vernichten, überträgt der Verfasser der kleinen Schrift sinngemäß aufs politische Handeln. Gehorsam, bedingungslose Unterwerfung unter ein autoritäres Prinzip, die ständige Mobilisation und Indoktrination der Massen, die Einforderung eines pathetischen Patriotismus, einer notorischen Militanz, das Nichtakzeptieren und die aktive Bekämpfung kritischer, oppositioneller Meinungen – das alles gehört zur sich bildenden Theorie des Peronismus. In seinen Vorträgen und in späteren Ergänzungen sieht Perón den Führer (Profiteur und Manipulator) dieses militärisch-strategischen Konstrukts als einen über allem stehenden, allmächtigen Patriarchen, der sich aus Fraktionskonflikten heraushält – und immer recht behält. »Ich bin mit niemandem, ich bin mit allen«, lautet eine seiner eigentlich nichts besagenden Kurzformeln, und er hat es in seinen besten und erfolgreichsten Zeiten immer geschafft, diese Illusion im Volk zu nähren.

Eine Eigenheit perónschen Denkens und Sprechens besteht in der häufigen Verwendung von Bildern und Metaphern, die er gern dem physikalischen oder medizinischen Bereich entlehnt. Erfunden hat er diese Phraseologie nicht. Sie kommt schon bei den verehrten preußischen Militärtheoretikern vor. Beim General Feldmarschall Colmar Freiherr von Goltz zum

Beispiel, der als Preuße vor dem Ersten Weltkrieg das türkische Heer aufbaute und durch seine Schrift *Das Volk in Waffen* berühmt wurde. Von Goltz übernimmt Perón die These, dass, wer den Frieden wolle, ständig den Krieg vorbereiten müsse, dass die Verteidigung der Nation eine integrale und »organische« Aufgabe des gesamten Volkes sei. Organisch (was bis heute zu einem Lieblingswort der Peronisten geworden ist), weil die lebendige Nation mit einem organischen Körper zu vergleichen sei, den es gesund zu erhalten und zu entwickeln gelte.

Es ist wohl kein Zufall, dass die Militärs, die 1976 die Witwe Peróns wegputschten, sich ebenfalls gern in medizinischer Terminologie ausdrückten und vom Krebs redeten, von dem der Körper der Nation befallen sei und den sie sich anheischig machten wegzuoperieren. Wobei die Krebsverursacher, die sie im Auge hatten, Jungperonisten, Montoneros waren.

Zweifellos lassen sich die autoritären, die faschistischen, die in den Siebzigerjahren auftretenden terroristischen Tendenzen des Peronismus aus der militärischen Determiniertheit ihres Gründers herleiten. Aber der Peronismus ist weit mehr als das. Und Feinmann, der allzu sehr auf seine Gewalttheorien fixiert scheint, tut Perón unrecht, wenn er ihn und die Bewegung auf Macht-Gewalt-Vernichtung reduzieren will. Zum einen hat der widersprüchliche General, der sich immerhin dreimal demokratisch zum Präsidenten wählen ließ, im Vergleich zu nahezu allen lateinamerikanischen Caudillos selten Gewalt angewendet – und mindestens einmal ist er mit einem vorzeitigen Rücktritt einem Blutbad, das er ohne Weiteres hätte anordnen können, zuvorgekommen. Zum andern hat der politische Dilettant Perón erstaunliche, sozial ausgerichtete Initiativen entwickelt und in den Peronismus überführt, die dem militärischen Rigorismus und Primitivismus zum Teil diametral entgegenstanden. Und schließlich gilt es, das Phänomen »Eva Perón« zu berücksichtigen, die dem Peronismus eine besondere und eine starke Dynamik verliehen hat.

1943 putschte das Militär erfolgreich gegen die damalige bürgerliche Regierung. Perón war ein einflussreiches Mitglied des Grupo de Oficiales Unidos (GOU, Gruppe der Vereinten Offiziere), der Kopfgruppe des Putsches, und wurde mit dem Arbeitsministerium belohnt, dehnte seinen Einfluss auch auf das Kriegsministerium aus und avancierte zum Vizepräsidenten. Als Arbeitsminister legte er die Grundsteine für sein eigenes und für das peronistische Machtgebäude und bewies gleichzeitig seine Geschicklichkeit im Umgang mit politischen Kräften. Als Volkstribun soll er, wie der Kalif Harun al Raschid aus *Tausendundeine Nacht,* nächtens in Buenos Aires herumspaziert sein, um sich persönlich ein Bild von den Sorgen des Volks zu machen. Zum nationalen Helden wurde er, als er umsichtig und effizient die Hilfsmaßnahmen für die Opfer des katastrophalen Erdbebens von San Juan organisierte. Sein folgenreichster Streich aber bestand in der Entmachtung eines einflussreichen Führers der kommunistisch orientierten Fleischergewerkschaft, der mächtigsten im Lande.

Der radikal antikommunistische und antiamerikanische Volkstribun überzeugte seine Junta-Gefährten einerseits und die Gutsbesitzer, Unternehmer, die Konservativen anderseits davon, dass man die Arbeiterschaft organisieren müsse, dass sie Anspruch auf soziale Gerechtigkeit habe. Das Bekenntnis zur sozialen Gerechtigkeit gehört zu den Pfeilern des Peronismus, und es ist letztlich egal, ob der General diese Forderung aus Überzeugung oder, was seine linken und rechten Kritiker behaupten, aus Opportunismus und politischem Kalkül heraus erhob. Er setzte durch, dass die in der Confederación General del Trabajo (CGT, Peronistischer Gewerkschaftsdachverband) organisierten Arbeiter geregelte Arbeitszeiten, Ferien, Renten, Weihnachtsgeld erhielten. Er mobilisierte zu

Tausenden die seit den Dreißigerjahren vom Land in die Agglomeration Buenos Aires strömenden armen Einwanderer, machte aus den »unorganischen« Werktätigen Peronisten, die auf den großen Führer und Manipulator eingeschworen waren. Die CGT wurde während der Präsidentschaften Peróns kontinuierlich mit mehr Macht – und Geld – ausgestattet und bleibt bis heute eines der wichtigsten Instrumente peronistischer Politik.

Politische Souveränität und wirtschaftliche Unabhängigkeit sind die anderen beiden Pfeiler, auf denen das peronistische Gebäude der ersten Jahre ruhte. Argentinien hatte vom Zweiten Weltkrieg, in dem es bis 1945 Neutralität wahrte – obschon zumindest die Militärs eindeutig einen Sieg der Achsenmächte erhoffte –, wirtschaftlich profitiert. 1945 wurde unter durchsichtigen Vorwänden den Achsenmächten noch schnell der Krieg erklärt – die Junta wollte beim sich abzeichnenden Sieg der Alliierten nicht auf der Verliererseite stehen und profitierte weiter: Die Exporte in die vom Krieg ausgebluteten Länder (Fleisch, Getreide) brachten hohe Gewinne, Importe gab es kaum, Auslandsverbindlichkeiten konnten nahezu ganz getilgt werden, eine bescheidene eigene Industrie wurde aufgebaut.

Während der ersten Präsidentschaft (1946–1951) gelang dem großen Manipulator am Río de la Plata fast alles. Die günstigen Voraussetzungen erlaubten ihm, seine Strategien zu verfolgen, ohne auf große Hindernisse zu stoßen. Die Tausenden von einst einflussreichen deutschen und kroatischen Nazis, die der Faschismussympathisant nach 1945 aus »humanitären« Gründen ins Land holte (Eichmann und Mengele waren darunter), brauchte er, nach eigenen Aussagen, um Argentinien zu technischem, militärischem und wohl auch geheimdienstlichem Know-how zu verhelfen. Was daraus geworden ist, hat wegen Vertuschungsmanövern und Namensänderungen bis heute niemand genauer ergründen können. Am besten dokumentiert ist noch der große Atom-Flop: Für einmal hatte sich der schlaue Manipulator von deutschen (und schweizerischen) Technikern, die ihm mit dem Versprechen, Argentinien in Patagonien eine Atombombe zu basteln, viel Geld aus der Tasche zogen, bluffen lassen.

Die sozialen Programme wurden durchgesetzt und eine Hochlohnpolitik praktiziert, die Eisenbahn und andere öffentliche Dienste wurden nationalisiert, staatlicher Interventionismus (über einen Fünfjahresplan) regulär eingeführt. In der Außenpolitik vertrat Perón den sogenannten »dritten Weg«, eine neutralistische Position zwischen Kapitalismus und Kommunismus. Regelmäßig stattfindende, von der Partei organisierte Kundgebungen auf der Plaza de Mayo vor dem Regierungsgebäude heizten den Massen ein. Patriotismus, Nationalismus sollten manifestiert und gefeiert und das emotionale Band zwischen dem einzelnen Mitglied der Bewegung und dem glamourösen Führerpaar immer aufs Neue bestätigt werden.

Ständige Kampfbereitschaft war gefragt. Der Führer erwies sich als Meister darin, dem peronistischen Volk, das wachsam bleiben sollte, laufend neue Gegner und Feinde zu präsentieren, gegen die es seine Wut wenden konnte: die Amerikaner, die Stalinisten, die »Oligarchen« im eigenen Land, die katholische Kirche schließlich, deren Feindschaft sich Perón einhandelte, als er ein modernes Scheidungsgesetz einführte.

Gelang es Perón während der ersten Präsidentschaft, Balance zu wahren, halfen ihm günstige Voraussetzungen, geschicktes Lavieren und Taktieren, seine Politik umzusetzen, so ging nach der Wiederwahl 1951 alles schief. 1952 starb seine wichtigste Alliierte, Eva Duarte de Perón; die hohen Kosten, die die Sozialprogramme, rasch vorangetriebene Industrialisierung und Nationalisierung verursacht hatten, ließen die Finanzreserven des Landes zusammenschmelzen und führten zu einer Inflation; ein Teil des Militärs begann, sich aufzulehnen, und wurde von der »Oligarchie« unterstützt; die Kirche wandte sich vollends von Perón ab, der vom Papst sogar exkommuniziert wurde. 1955 putschte die Armee, Perón ging für lange Jahre ins Exil.

Die Seele des Peronismus

Juan Domingo Perón hat dem Peronismus den Namen verliehen – Eva Duarte die Seele. Dass sie so jung gestorben ist (mit dreiunddreißig an Krebs), lässt sie ohne Fehl erscheinen und fördert bis heute den Personenkult und die weltweite Verehrung, die ihr entgegengebracht wird, verwandelt sie je nachdem in einen Engel der Armen, eine Märtyrerin, eine Heilige.

Wie ihr Mann erscheint auch Eva Perón als höchst zwiespältige Persönlichkeit. Zweifellos mit einem Herz für die Unterprivilegierten ausgestattet, eine Wohltäterin aus Überzeugung, war sie auch eine knallharte Machtpolitikerin. Sie verstand es, zu polemisieren und zu polarisieren. Galt sie den einen schon zu Lebzeiten als heilige Allmutter der Nation, war sie für andere die bestgehasste, raffgierige Hure Argentiniens. Im Tandem mit ihrem Mann, den sie an einer Wohltätigkeitsveranstaltung in Zusammenhang mit dem Erdbeben von San Juan kennengelernt hatte, war sie unschlagbar. Das Gesicht des frühen Peronismus, seine Erfolgsgeschichte sind vom weiblichen Teil des Duos ebenso geprägt wie vom männlichen – auch wenn das Juan Perón in seinen Memoiren vehement bestreitet und behauptet, Eva sei in allem und jedem, was sie getan habe, von ihm angeleitet, geführt, bestimmt worden: Sie sei nie etwas anderes gewesen als eine von ihm geschaffene Kreatur.

Sie bewunderte ihn, jedenfalls in der Öffentlichkeit, ohne Einschränkung, war ihm bis zu ihrem Tod zutiefst ergeben, hielt ihm den Rücken frei. Sie war eine Fanatikerin des Peronismus, den sie, als charismatische Rednerin, landauf, landab predigte wie ein weiblicher Messias. Dem Peronismus des listenreichen, berechnenden, auf Opportunismus, Pragmatismus und Vernunft setzenden Präsidenten fügte sie Temperament, Instinkt und Intuition, die Kraft der Emotion hinzu. Ihre Aufgabe war das ständige Massieren der Massen. In der gigantischen, mit ihrem Namen versehenen Wohltätigkeitsstiftung schaltete sie nach Belieben, belohnte die einen, bestrafte die anderen. Eine Mischung aus sozialen und karitativen Elementen diente dazu, das Volk immer stärker an den Peronismus zu binden. Sie trieb Millionen ein und finanzierte damit Spitäler, Schulen, Kinder- und Altersheime. Noch nie hatte es in Lateinamerika eine Frau mit vergleichbarem politischem Einfluss gegeben. Sie nutzte ihn, um den Status der Frau in Argentinien zu verbessern, setzte das Frauenwahlrecht durch und gründete eine eigene weibliche peronistische Partei, mit ihr als Vorsitzender, in der Frauen das politische Handwerk lernen und in den Institutionen aufsteigen konnten. Natürlich war das auch ein – gelungener – Schachzug, um Perón 1951 die Wiederwahl zu ermöglichen, aber den Frauen nützten, jenseits jeder Manipulation, Evas Initiativen.

Sie hatte ihr Büro im Zentralgebäude der CGT, die sie immer mehr »peronisierte« und de facto führte. Ebenso wie für die Emotionalisierung der Bewegung war sie für die Drecksarbeit im Inneren der Institutionen zuständig. Auf Geheiß ihres Patriarchen-Gemahls hebelte sie kräftig an der staatlich sanktionierten Repressionsmaschine, schikanierte missliebige Beamte und sorgte dafür, dass Nicht-Peronisten aus wichtigen Ämtern entfernt wurden. Es gehörte naturgemäß zu den Strategien Peróns, in Legislative, Exekutive und Justiz möglichst alle wichtigen Ämter mit treuen Gefolgsleuten zu besetzen.

Perón brauchte und benutzte sie, hat sich aber sicher von ihr, die hartnäckig war, ein starker und eigensinniger Charakter, mehr beeinflussen lassen, als er das in seinen Memoiren zuzugeben bereit ist. Eine offizielle Stellung im Staat und in der Regierung hat Eva nie innegehabt. Dem Militär vor allem, das ihr von Anfang an mit Misstrauen begegnet war (die Offizierskaste hielt die Ehe ihres Generals mit der unehelich geborenen Schauspielerin für eine Mesalliance), wurde sie im Laufe der Jahre regelrecht verhasst, und so störten Peróns Waffenbrüder jeden neuen Anlauf, der Eva zur Ministerin oder gar zur Vizepräsidentin hätte befördern sollen. Mit Evas Tod 1952 sank Juan Domingos Stern. Die äußeren Umstände hatten sich zu seinen Ungunsten verändert – und der Bewegung war die Seele abhandengekommen.

Fast zwanzig Jahre lang, bis zur Rückkehr Peróns, ging der Peronismus auf Tauchstation, war zeitweise öffentlich verboten, zersplitterte in Fraktionen. Der Führer versuchte zwar, von verschiedenen Stationen seines Exils aus die Bewegung am Leben zu erhalten. Er spann Fäden zu den verschiedenen militärischen und politischen Gruppierungen, die sich im Argentinien der Fünfziger- und Sechzigerjahre um die Macht balgten, doch es wollte ihm vorerst nicht gelingen, ausreichend Rückhalt zu gewinnen, um eine Rückkehr zu wagen. Das Land drohte in Chaos und wirtschaftlicher Misere zu versinken. Die Montoneros, eine aus linker Guerilla, progressiven Katholiken und militanten Nationalisten zusammengewürfelte heimliche Jugendorganisation, militärisch gerüstet und effizient in ihren Vorhaben, begann terroristische Anschläge gegen Militärs und Politiker zu verüben, das Militär schlug zurück – und Perón beging den Fehler, von der Schiedsrichterrolle abzurücken und die Montoneros insgeheim zu ermutigen.

Als der ganz zum opportunistischen Pragmatiker Gewordene 1973 als alter Mann nach Argentinien zurückkehrte, war nichts mehr zu retten. Statt einem seit Langem andauernden Elend ein Ende zu bereiten, initiierte der herbeigesehnte Messias von Anfang an ein Debakel, das zu den schwärzesten Stunden des Landes führen sollte. Zurückgekommen war ein Mann, der sich den neuen Gegebenheiten längst angepasst und entschieden gewandelt hatte, der aber nicht mehr über die Kraft verfügte, seine Strategien durchzusetzen. Im Namen des Peronismus begrüßten ihn auf dem Flugplatz Ezeiza am 20. Juni 1973 Zehntausende von Links- und Rechtsextremen, Sozialisten und Faschisten, Gewerkschaftern und Kapitalisten. Der Tag der Erlösung endete in einem Blutbad. Niemand hat ihn eindrücklicher beschrieben als der Schriftsteller Tomás Eloy Martínez in seinem Roman *La novela de Perón* (Der General findet keine Ruhe): In einer unauflöslichen Mischung aus Fakten und Fiktion rollt Martínez, der den General in Madrid mehrmals besucht und interviewt hat, Peróns somnambul anmutende letzte Jahre auf.

Noch einmal ließ sich der General zum Präsidenten wählen – und konnte in dem einen Jahr, das ihm bis zum Tod blieb, ein sich anbahnendes Verhängnis nicht mehr aufhalten. Sein böser Geist der letzten Jahre, José López Rega, der in Madrid sein Privatsekretär, Astrologe, Haupteinflüsterer gewesen war, wurde zum Wohlfahrtsminister gekürt. Statt für Wohlfahrt sorgte López Rega für Totschlag, organisierte die berüchtigten paramilitärischen Todesschwadronen, die unter dem Namen Alianza Anticomunista Argentina (AAA) das Land terrorisierten, linke Studenten, Politiker, Gewerkschafter ermordeten und den Montoneros einen Kampf auf Leben und Tod lieferten.

Der große Manipulator hatte seine einstmaligen Ideen und Ziele fast ganz aus den Augen verloren. Er frustrierte in seinen letzten öffentlichen Auftritten diejenigen, die den ursprünglichen Peronismus hochhielten, und ergriff – eine Todsünde, die er früher nie begangen hätte – Partei gegen eine in seinem Namen kämpfende Fraktion, gegen die Montoneros, die er im Exil ermutigt und gefördert hatte und die jetzt seinen Versöhnungsinitiativen im Wege standen. Sein Bild in der Öffentlichkeit bekam Flecken. Der sich aus Fraktionskonflikten heraushaltende Patriarch und oberste Schiedsrichter war nicht mehr glaubwürdig, war verwundbar. Versöhnen wollte er in erster Linie die Arbeiter und das Kapital, wobei er, der in den Vierziger- und Fünfzigerjahren immer eindeutig für die Anliegen der Gewerkschaften eingetreten war, die »Oligarchen« in die Schranken verwiesen und sich jede ausländische Einflussnahme stolz verbeten hatte, nun plötzlich der Marktwirtschaft das Wort zu reden begann und ausländischen Investoren ermutigende Signale sandte.

Seine dritte Frau, María Estela Martínez, die im Gegensatz zu Eva Duarte über keinerlei politische Fähigkeiten verfügte, hatte er – auch das eine verblüffende politische Instinktlosigkeit, die dem Strategen früher nicht unterlaufen wäre – beim Amtsantritt zur Vizepräsidentin gemacht. Sie und ihr Vertrauter López Rega führten das Land nach dem Tod des Führers 1974 blitzschnell in den vollständigen politischen Ruin. Die Militärs brachten Argentinien im März 1976 mit geringstem Aufwand unter Kontrolle und wurden, bevor sich ihre Strategien deutlich abzeichneten, von einem beachtlichen Teil des Volks mit Erleichterung begrüßt; sie zwangen das, was vom Peronismus übrig geblieben war, in den Untergrund.

Verschwunden unter der Diktatur

Erich Hackl

Im Jahr 1977 fiel Karfreitag auf den 8. April. Das war der letzte Tag, den Gisi mit Sicherheit noch erlebt hat. Verbürgt ist jedenfalls, dass sie die Nacht davor in einer kleinen, spärlich möblierten Wohnung in der Calle Italia verbracht hat, in Godoy Cruz, einem Vorort Mendozas. Die Stadt wurde 1561 gegründet, auf achthundert Meter Seehöhe, drei Jahrhunderte später durch ein Erdbeben zerstört, dann großzügig wiederaufgebaut, mit breiten, von Platanen und Jacarandas gesäumten Alleen, Plätzen und Blumengärten, einem großen Park, der – wie so vieles hier – den Namen des amerikanischen Freiheitshelden San Martín trägt. Der General war 1817 mit seiner Armee von Mendoza aus aufgebrochen, um Chile und Peru von der Kolonialherrschaft zu befreien. Trotzdem wird die Stadt nur selten mit aufrührerischer Gesinnung in Verbindung gebracht, ihre Einwohner gelten als konservativ und verschlossen.

In der Wohnung sind sie zu dritt: Gisela Tenenbaum, José Galamba, Ana María Moral. Sie sind Montoneros, versprengt, der Hilfe bedürftig, ihr oberstes Gremium ist gerade dabei, sich nach Rom abzusetzen, nicht ohne den baldigen Triumph über die Diktatur in Aussicht zu stellen und die im Land verbleibenden Gefährten zu größerer Entschlossenheit und doppelter Wachsamkeit aufzurufen. Kann sein, die drei erahnen die Niederlage, doch das Ausmaß der Katastrophe bleibt ihnen verborgen, es gäbe auch kein Zurück, selbst wenn sie genau wüssten, wie es um ihre Sache steht, die Militärs sind ihnen auf den Fersen, die einzige Möglichkeit ist weitermachen, durchhalten, die Gefährten nicht im Stich lassen. Außerdem hält sich in ihnen die Erinnerung an das Empfinden, stark und zukunftsfroh eine gerechte Sache zu verfolgen. Sie kennen sich seit Langem, haben gemeinsam Zeiten höchster Gefahr durchgestanden, einander Mut und Trost zugesprochen, es ist nicht anzunehmen, dass ihnen das Zusammenleben auf engem Raum (zwei Zimmer, ein Flur, ein Bad, eine Art Waschküche) zusätzliche Nervenkraft abverlangt. Ana María und José sind in derselben Zelle tätig, Gisi in einer andern. Am Vormittag des 8. April 1977 geht sie aus dem Haus, weil im Stadtteil Las Heras ein geheimes Treffen ihrer Gruppe stattfindet, und sie muss daran teilnehmen. Wenig später verlassen auch die beiden andern die Wohnung, die im Erdgeschoss liegt. Als sie ins Freie treten, merken sie, dass ein Rollkommando dabei ist, die Straße abzuriegeln, Männer in Zivil, aber bewaffnet, in drei oder vier Fahrzeugen, Lieferwagen, Autos der Marke Ford Falcon. José und Ana María berühren sich an den Händen, wie zufällig, dann rennen sie los, auf dem Gehsteig den Häusern entlang. Ana María nach links, José nach rechts. Die Männer sind überrascht, einen Moment lang auch unentschlossen, wer von ihnen wem hinterherlaufen oder den Weg abschneiden soll, bis sie die Verfolgung aufnehmen, vergehen sechs, acht Sekunden. José hört das Gellen von Schüssen, neben ihm zersplittert die Heckscheibe eines geparkten Autos, er sprintet die erste Querstraße hinunter, vorbei an einer alten Frau, einem Karren, einem Obstverkäufer, der blitzschnell in einem Hauseingang verschwindet. Hinter einem Lastwagen wechselt er auf die andere Straßenseite, wieder eine Ecke, gegenüber eine Haltestelle, ein Bus, der gerade anfährt. José springt auf und lässt sich, keuchend, auf den Sitz hinter dem Fahrer fallen.

Er entkommt, unverletzt, umgeht Straßensperren, findet irgendwo Unterschlupf, für ein paar Stunden, eine Nacht, drei Nächte. Dann gelingt es ihm, aus der Stadt hinauszukommen, mit oder ohne fremde Hilfe, er versteckt sich in einem Waldstück. Nach zwei Monaten lässt er Gisis Eltern eine Nachricht zukommen, ob sie ihm helfen können. Willi und Helga holen ihn im Kofferraum ihres Autos zu sich nach Hause, wo jederzeit Polizei einfallen könnte, einige Tage später bringen sie ihn in einer abgelegenen Ziegelbrennerei unter, beim Bruder eines Gewerkschafters namens Daniel Romero. Im Jahr darauf werden ihn die Militärs auch dort aufspüren und samt seinem Arbeitgeber und dessen Bruder verschleppen. Keiner von ihnen wird je wiederauftauchen.

Ana María schafft es bis zur Straße Joaquín V. González, in der, auf Nummer 163, die Kirche Nuestra Señora de Fátima steht. In ihrer Not will sie darin Zuflucht suchen, sie hetzt die Stufen hoch, auf das Tor zu, Beton spritzt neben ihr auf von Gewehrgarben, plötzlich ein mächtiger Schlag in den Rücken, sie taumelt, stürzt über die Schwelle in die Kirche, wo der Pfarrer gerade dabei ist, die Nachmittagsandacht vorzubereiten. Statt sich um die Verwundete zu kümmern, vor ihm auf dem Steinboden, die ihn anfleht, das Tor zu schließen, geht er nach draußen und winkt die Verfolger herbei. Er erwartet regen Besuch der Gemeinde an diesem Tag, an dem Jesus Christus gestorben ist und Ana María an Ort und Stelle oder während des Transports oder in einem Verlies sterben wird, unter ihrem Falschnamen Graciela Beatriz Luján an »akuter Blutarmut, verursacht durch akuten Blutverlust«, laut Befund des Militärarztes Dr. Alcides Alberto Cichero, und der Tod sei um 20.30 Uhr eingetreten.

Gisis ältere Schwester Heidi sieht, zwischen sechs und acht Uhr abends, im Fernsehen den Bericht mit der jüngsten Erfolgsmeldung der Ordnungskräfte: Im Zuge einer Hausdurchsuchung sei im Departamento Godoy Cruz eine Frau, vermutlich Mitte zwanzig, bei einem Feuergefecht mit Organen der öffentlichen Sicherheit ums Leben gekommen. Die Wohnung habe als geheimes Operationszentrum der Aufständischen gedient. In ihr seien Waffen und subversive Flugschriften gefunden worden. Ein Kameraschwenk über zerschlagene Möbel und auf dem Boden verstreute Wäsche, Heidi starrt auf den Bildschirm, hört die schnarrende Stimme des Nachrichtensprechers, sträubt sich gegen die Gewissheit, dass das die Wohnung ist, in der Gisi untergekommen war. Sie verständigt ihre Eltern.

Helga und Willi hatten Gisi zuletzt am 3. April 1977 gesehen, am Palmsonntag, den sie gemeinsam im Bergland von El Challao verbracht hatten, einem beliebten Ausflugsgebiet acht Kilometer außerhalb der Stadt. Gegen sieben Uhr abends waren sie nach Mendoza zurückgefahren und hatten Gisi nahe der Wohnung in Godoy Cruz abgesetzt. Ehe sie ausstieg, hatte sie sich mit ihrer Mutter für den nächsten Sonntag verabredet. Die beiden trafen sich in der Regel an einer Haltestelle auf dem belebten Paso de los Andes, Ecke Armani, wo Helga vorgab, auf einen Bus zu warten. Nach einigen Minuten tauchte Gisi auf, ging an ihr vorüber, Helga folgte ihr, meistens in ein Café, in dem sie sich ungestört und ohne Gefahr, belauscht zu werden, unterhalten konnten. Aber am Ostersonntag wartete Helga vergeblich auf ihre Tochter, ebenso eine Woche später. Inzwischen hatte sie erfahren, dass die Militärs über Ort und Zeit des Treffens in Las Heras informiert gewesen waren, sie hatten den zehn oder zwölf Montoneros aufgelauert, sie einzeln oder als Gruppe überwältigt und verschleppt.

Trotzdem glaubten Helga und Willi, dass Gisi durch irgendeinen Zufall entkommen war, und dafür gab es einige Anhaltspunkte. Zum einen merkten sie, dass ihr Haus in der Calle Italia nach wie vor observiert wurde. Schon früher war ihnen aufgefallen, dass Nacht für Nacht, oft auch tagsüber, auf der anderen Straßenseite ein Auto parkte, mit Männern auf den Vordersitzen, die es offenbar auf Gisi abgesehen hatten. Wäre sie tatsächlich gefasst worden, hätte es doch keinen Grund mehr gegeben, das Haus weiterhin im Auge zu behalten.

Zweitens kam gegen Ende des Monats ein ehemaliger Mitschüler Gisis, von der technisch-chemischen Lehranstalt, in Willis Ordination, um, wie er beteuerte, sein Gewissen zu erleichtern.

Ich habe gewusst, was kommen wird. Dass man die Gisi erwischen wird. Ich hab aber nichts getan, um es zu verhindern.

Willi wusste nicht recht, wie er auf diese unerwartete Beichte reagieren sollte, und überging sie deshalb mit einer vagen Handbewegung. Dabei hätte er dem andern gern mehrere Fragen gestellt. Von wem hast du erfahren, dass Gisi in Gefahr ist. Wie hättest du ihr helfen können. Und warum gibst du mir zu erkennen, dass es in deiner Macht gelegen wäre, ihr zu helfen. Vielleicht wollte ihn der junge Mann aushorchen. Vielleicht wartete er darauf, dass Willi sagte, du brauchst dir keine Vorwürfe zu machen, mit unserer Tochter ist so weit alles in Ordnung. Dann hätte er Grund gehabt anzunehmen, dass Gisi mit ihnen noch in Kontakt stand. Wer weiß, ob ihn nicht jemand geschickt hatte in der Absicht, der Flüchtigen auf diese Weise habhaft zu werden.

Es gab noch ein drittes Indiz dafür, dass Gisi nicht gefasst worden war. Ein paar Tage vor oder nach dem Erscheinen ihres ehemaligen Mitschülers hatte ein anderer junger Mann, ebenfalls ein Schulfreund oder Studienkollege Gisis, Willi auf der Straße angehalten.

Guillermo, stellen Sie sich vor, ich habe Gisela gesehen, vorgestern, in einem Weingarten draußen vor der Stadt.

Bist du sicher?

Absolut.

Hast du mit ihr gesprochen?

Dazu habe sich keine Gelegenheit ergeben, er sei in Begleitung gewesen, er habe sie und sich selbst nicht gefährden wollen.

Aber sie war es, ich hab sie gleich erkannt!

Der Junge war Willi und Helga als ernsthaft und verlässlich vertraut, er wollte sie sicher nicht hinters Licht führen. Denkbar, dass er sich doch getäuscht hatte. Oder dass Gisi erst später gefasst wurde, Anfang Mai. Jedenfalls erreichte sie kein Lebenszeichen mehr von ihr, die doch alles darangesetzt hätte, den Eltern eine Nachricht zukommen zu lassen, diesbezüglich war auf sie immer Verlass gewesen. Heute ist Helga davon überzeugt, dass Gisi den Militärs schon am 8. April, beim Treffen ihrer Gruppe, spätestens Anfang Mai in die Hände gefallen ist. Damals aber lebte in ihr und in Willi die Hoffnung auf ein Wiedersehen. Deshalb zögerten sie lange, ehe sie das Verschwinden ihrer Tochter bei Gericht anzeigten, mittels eines Habeas-Corpus-Antrags, der selbstverständlich abgelehnt wurde; wäre Gisi noch in Freiheit, dann würden sie ihr, so glaubten sie bis dahin, mit einer Vermisstenmeldung nur schaden.

Einmal, noch im Jahr 1977, erzählte ihnen eine Bekannte, sie habe das Mädchen in Maipú gesehen, in einer Apotheke. Gisela sei in den Laden gekommen, habe ein Rezept eingelöst und sei wieder gegangen.

So war es, ich schwörs bei allem, was mir heilig ist.

Ein anderes Mal, fünf oder sechs Jahre später, kam eine Krankenschwester, die mit ihnen in einem Hilfsprojekt eines Armenviertels in Rivadavia tätig war, aufgeregt auf sie zu, umarmte Helga und flüsterte: Ich hab eine tolle Nachricht für euch, ihr werdet es nicht glauben. Nämlich, sie habe im Hospital Central von Mendoza zwei Ärzte miteinander reden hören, über die vielen Vermissten der Diktatur und die quälende Ungewissheit ihrer Familien, da habe sie zu ihnen gesagt, ich hab zwei gute Freunde, ihre Tochter ist auch verschwunden, worauf einer der beiden Ärzte gefragt habe, wie heißen sie, Tenenbaum, habe sie geantwortet, ach, habe er gesagt, natürlich, die Eltern von Gisela.

Sag ihnen, sie sollen sich keine Sorgen machen. Gisela ist in Sicherheit.

Was, sie lebt?

Natürlich. Sie ist zuerst im Süden untergetaucht, und dann hat man sie nach Kuba gebracht, ich hab selbst mitgeholfen, sie aus dem Land zu bringen, und jetzt ist sie in der Schweiz. Sobald es ihr möglich ist, wird sie sich mit ihren Eltern in Verbindung setzen.

Nachdem Helga den Arzt nach langer Suche und mancherlei Ausflüchten seinerseits – er habe keine Zeit, sei gerade viel beschäftigt, nein, auch morgen gehe es nicht, und dann sei er für einige Wochen abwesend – zur Rede gestellt hatte, leugnete er, sich je über Gisi geäußert zu haben. Er kenne sie ja gar nicht, Margarita, die Krankenschwester, habe das alles erfunden. Als Helga immer noch nicht lockerließ, wurde er grob.

Lassen Sie mich in Ruhe, gehen Sie, oder ich lass Sie in die Psychiatrie einweisen. Sie sind ja wahnsinnig.

Eine solche Anschuldigung traf Helga nicht unvermutet, schließlich hatten die Frauen, die Aufklärung über das Schicksal ihrer verschwundenen Kinder verlangten, unter dem Militärregime generell als Verrückte gegolten. Sie rührte sich nicht von der Stelle, schaute dem Mann fest in die Augen und fragte ihn, ob er sich denn nicht schäme, Lügen in Umlauf zu setzen. Ein paar Sekunden lang hielt er ihrem Blick stand, dann drehte er sich wortlos um und rannte davon.

Und seit damals haben wir in Wirklichkeit ganz die Hoffnung aufgegeben, sagt Helga, und neben ihr sitzt Willi und schweigt.

Auch in Mendoza gab es Frauen, die den Mut aufbrachten, in aller Öffentlichkeit Nachricht über den Verbleib ihrer verschwundenen Angehörigen zu verlangen. Wie die Madres der Plaza de Mayo in Buenos Aires trafen sie sich jeden Donnerstag, und zwar auf der Plaza San Martín, vor dem Denkmal des Befreiers, um ihre Runden zu drehen. Sie trugen weiße Kopftücher und hielten Schilder mit den Namen und Fotos ihrer Kinder in den Händen. Anfangs wurden sie von Sicherheitskräften geschlagen, festgenommen oder auseinandergetrieben, oft auch von Passanten beschimpft, als Verrückte eben, aber mit der Zeit duldete man ihre Anwesenheit. Helga schloss sich ihnen 1981 an, vier Jahre nach Gisis Verschwinden und ein Jahr vor dem Krieg um die Malvinen, den die Militärjunta aus Selbstüberschätzung, in Erwartung US-amerikanischen Beistands und mit dem Kalkül begann, die nationalistischen Gefühle der Argentinier zu entfachen und von den sozialen Auswirkungen der Wirtschaftskrise abzulenken. Doch die schmachvolle Niederlage gegen die britischen Seestreitkräfte beschleunigte das Ende der Diktatur. Nach Massendemonstrationen und Streiks stellte der letzte Chef der Junta, Reynaldo Bignone, demokratische Wahlen in Aussicht. Im Oktober 1983 ging der Kandidat der Radikalen Bürgerunion, Raúl Alfonsín, aus ihnen als Sieger hervor. In seiner Regierungszeit wurden die Oberkommandierenden der drei Waffengattungen vor Gericht gestellt und verurteilt, die Chancen für weitere Strafverfolgungen durch zwei Amnestiegesetze stark eingeschränkt.

Noch vor dem Amtsantritt des neuen Präsidenten waren die politischen Gefangenen entlassen worden. Es handelte sich um linke Oppositionelle, die schon vor dem Staatsstreich, während der Regierungszeit von Peróns Witwe María Estela Martínez, festgenommen worden waren. Sie wurden misshandelt und von Militärgerichten unter irregulären Umständen zu drakonischen Strafen verurteilt, auch die Haftbedingungen waren entsetzlich, aber immerhin wurden sie nicht umgebracht, und es wurde auch nicht bestritten, dass sie sich in Gewahrsam des Regimes befanden.

Von einem dieser Freigelassenen, Daniel Ubertone, erfuhren Helga und Willi, dass der Staatsanwalt, ein Vizekommodore der Luftwaffe, ihn während der Verhandlung angeschnauzt hatte, er solle endlich zugeben, Flugblätter gestreut zu haben, sein Leugnen sei nutzlos, denn sie wüssten über alle Einzelheiten der Aktion Bescheid, sie hätten nämlich Gisela Tenenbaum in ihrer Gewalt, die längst gestanden habe.

Sehr wahrscheinlich, sogar sicher, dass der Staatsanwalt nur geblufft hat. Trotzdem, sagt Helga, hat uns diese Nachricht wieder Auftrieb gegeben.

Sie stellten sich vor, dass die Militärs die Verschwundenen in Konzentrationslager deportiert hatten, nach dem Vorbild der Nazis, und erwarteten sich von der Untersuchungskommission, die von der Regierung Alfonsín eingesetzt worden war, Auskunft darüber, wo ihre Tochter geblieben sei.

Wir haben uns gesagt, die können ja nicht alle ermordet haben. Das ist unmöglich. Wenigstens ein paar Hundert müssen in jedem Fall überlebt haben. Wo sind denn die geheimen Gefängnisse, in die man sie gesperrt hat. Man soll sie uns nennen. Wir holen sie da raus.

Die Hoffnung schwand, je mehr Einzelheiten über das Ausmaß der Repression und die Verfahren in den illegalen Folterzentren bekannt wurden. Da den niederen Chargen zugestanden worden war, unter Befehlsnotstand gehandelt zu haben, brauchten sie auch nicht vor Gericht auszusagen, sodass in den meisten Fällen nichts über das Schicksal der Vermissten bekannt wurde. Außerdem legten die Untersuchungsrichter keine Eile an den Tag, wenn es darum ging, Klagen wegen Menschenrechtsverstößen zu behandeln. Unter Alfonsíns

Nachfolger Carlos Menem wurden sogar, zum Zwecke der »nationalen Befriedung«, die verurteilten Militärs begnadigt. Erst im Juni 2005 erklärte der Oberste Gerichtshof alle Gesetze für verfassungswidrig, die Verbrechen während der Diktatur straffrei gestellt hatten. Einer Anzeige der Ökumenischen Bewegung für Menschenrechte, wegen Freiheitsberaubung, Entführung und Tötung von fünfzehn Mitgliedern der Peronistischen Jugend beziehungsweise Montoneros, unter ihnen Gisela Tenenbaum, ist das Bundesgericht Nummer eins der Provinz Mendoza bis heute nicht nachgegangen.

Während einer Europareise, im Jahr 2003, lasen Helga und Willi in einer spanischen Zeitung, dass in der Provinz Córdoba, in San Vicente, erstmals ein Massengrab aus der Zeit der Militärherrschaft geöffnet worden sei. Nach ihrer Rückkehr wurden sie in Buenos Aires an das Equipo Argentino de Antropólogos Forenses verwiesen, eine unabhängige Menschenrechtsorganisation, die sich um die Identifizierung der Leichen bemühte. Sie erfuhren, dass die Toten von San Vicente schon 1976 verscharrt worden waren, ließen sich trotzdem Blut abnehmen, für DNA-Proben im Fall weiterer Leichenfunde, und beschrieben die äußeren Merkmale ihrer Tochter: 1,70 Meter groß, schlank mit breiten Schultern, blaue Augen, blonde Haare, gesunde Zähne.

Und wenn sie doch noch am Leben wäre?

Ihre ältere Schwester konnte sich lange nicht von der Vorstellung befreien, dass Gisi unter der Folter ihre Identität verloren hatte. Dass sie schizophren geworden war, nicht mehr wusste, wer sie war, wie sie hieß, woher sie kam. Dass man sie dann ausgesetzt, eventuell ins Ausland geschafft hat. Gisi lebt, unbekannt, wo, unbekannt, wie, unter anderem Namen, ohne sich zu erinnern, ohne Wissen darum, dass es so etwas wie Erinnerung gibt.

Rückkehr in den Folterkeller

Hilmar Poganatz

Eigentlich ein schöner Ort: Die Sonne strahlt, die Trompetenblumen duften, und in den Sträuchern zwitschern die Vögel. Cachito sucht den Schatten einer kräftigen Eiche. Dort setzt sich der stämmige Mann mit dem schwarzen Rauschebart breitbeinig hin. Hinter Cachito blitzt ein weißer Metallzaun, der ihn um einen Kopf überragt.

Wären da nicht der Zaun und die schwarzen Kappen der Soldatenstiefel, die unter ihm hervorlugen, man könnte leicht vergessen, an welchem Ort Cachito steht: auf dem Gelände der Marineschule ESMA in Buenos Aires, des einstmals größten Folterlagers in Lateinamerika. Der Ort, an dem die Militärs rund 5000 Menschen peinigten, meist bis zum Tod. Der Ort, an dem auch der neunundvierzig Jahre alte Cachito anderthalb Jahre lang festgehalten und drangsaliert wurde. Der Ort, an dem die Erinnerung an die argentinische Militärdiktatur greifbar ist wie nirgendwo anders.

Der Staatsterrorismus beginnt spätestens am 24. März 1976, als Offiziere unter der Führung von General Jorge Rafael Videla gegen die damalige Präsidentin Isabel Perón putschten. Generalstreiks, schwere gesellschaftliche Unruhen, politische Morde und eine Welle von Entführungen haben das Land schon monatelang zuvor lahmgelegt. So mancher Argentinier fordert daher die »harte Hand« und jubelt den Generälen zu.

Cachito, »Bröckchen«, wie die Freunde den runden, kleinen Mann nennen, jubelt nicht. Enrique Mario Fukman, so sein richtiger Name, ist Oppositioneller, er steht den Montoneros nahe, einer verbotenen linken Terrororganisation. Er kämpft gegen die Diktatur – bis zum November 1978, bis zu seiner Festnahme. Mit verlorenem Blick erzählt er heute von diesem Tag: »Ich war in meiner Wohnung, als sie die Tür aufbrachen. Sie kamen in Zivil.« Der Zweiundzwanzigjährige weiß sofort, wer gekommen ist, um ihn zu holen. Er bekommt eine Kapuze über den Kopf gezogen und wird in den Kofferraum eines grünen Ford Falcon geschleift. Und zur ESMA verfrachtet.

Guerilleros und Militärs schenken sich nichts in jenen Jahren: Die Montoneros, die sich selbst in der Nachfolge Evita Peróns sahen, entführen oder töten Militärs und Manager, darunter den Produktionsleiter von Mercedes-Benz. Die Greifkommandos von Polizei und Militär hingegen nutzen die Terrororganisation als Vorwand. Im »schmutzigen Krieg«, wie die bleierne Zeit für die Argentinier heute heißt, verschleppen sie Scharen von Studenten, Professoren, Schriftstellern, Psychologen – alles, was ihnen »oppositionell« scheint. Die Opfer werden vergewaltigt, gefoltert und dann zu Tausenden aus Flugzeugen in den Río de la Plata geworfen. Ohne Urteil, ohne Anklage, ohne Beweise. Von rund 10 000 Verhafteten geht die nationale Menschenrechtskommission aus. Menschenrechtsorganisationen schätzen die Zahl der Desaparecidos, der Verschwundenen, dreimal so hoch.

Im Februar 1980 lässt man Cachito frei. Warum genau, das steht in Akten, die er noch nicht zu Gesicht bekommen hat. Hand in Hand mit einigen Leidensgenossen von damals steigt er jetzt einen Treppenschacht hinunter, in den berüchtigten Keller des Kasinos. Zum vierten Mal seit der Öffnung der ES-

MA 2004 kehrt er zurück an den Ort des Schreckens im Norden von Buenos Aires.

Diffuses Licht, eine niedrige Waschbetondecke: »Dort lag eine Matratze«, sagt Fukman, »auf die haben sie mich geworfen und mich mit Elektroschocks gequält, in der Hoffnung, dass ich die Genossen verpfeife – tagelang.« Er spricht schnell, immer wieder ballt er die Hände zu Fäusten, muss die Augen schließen, wenn er seine Peiniger verflucht: »Bevor es losging, schienen sie wie ganz normale Menschen, aber dann verwandelten sie sich schlagartig«, erinnert er sich. Zu viele Details will er nicht nennen, der Geruch, die Schreie, alles kommt ihm wieder in den Sinn. »Wenn ich hier rausgehe, bin ich immer sehr müde und brauche erst mal ein Glas Wein.«

Bis zum Ende der Militärdiktatur 1983 wurde in der ESMA gefoltert. Die Zeiten sind zwar längst vorbei – aber nur zaghaft hat sich Argentinien seiner eigenen Geschichte gestellt. Nach einer ersten Aufklärungswelle erließ man Amnestiebestimmungen für die Peiniger und ihre Befehlshaber. Die bereits verhafteten und verurteilten Junta-Chefs ließ Präsident Carlos Menem 1990 per Gnadenerlass wieder frei. Die ESMA wollte man sogar sprengen.

Erst 2005, unter Präsident Néstor Kirchner sind die Gesetze über den »Befehlsnotstand« und den »Schlusspunkt« aufgehoben worden. Erst jetzt werden die Täter zur Rechenschaft gezogen. Erst kurz vor dem dreißigsten Jahrestag des Putsches hat ein Richter das sogenannte Mega-Verfahren gegen die Folterer mit einer ganzen Batterie von Rechtsakten aufgenommen: Er erließ unter anderem Haftbefehl gegen einen der Krankenpfleger und drei weitere Ex-ESMA-Angehörige. Gegen Héctor Antonio Febres, den früheren Chef der Küstenwache und Anführer einer der »Arbeitsgruppen« in der ESMA, wurde sogar das Hauptverfahren eröffnet.

Erst jetzt also kann Cachito den Ort seiner Qualen besichtigen und ein bisschen auf Gerechtigkeit hoffen. In der Treppe zum Obergeschoss sind tiefe Riefen – die Spuren von kiloschweren Fußketten. Über sechs Monate musste Cachito damals hier in der »Kapuze« verbringen, wie sie den düsteren Dachstuhl nannten. Tag und Nacht dämmerten die Gefangenen auf Matratzen, im Dunkel einer übergestülpten Kapuze, bei absolutem Sprechverbot. Wie im Keller, so gibt es auch im Dachstuhl kaum lesbare Zeichen der Verbrechen. Der Ort spricht für sich, ein Gruselkabinett der Erinnerung mag hier niemand einrichten.

Verzeihen? Cachito fällt das schwer. Er hat lange gebraucht, um wieder einen Platz zu finden in der Gesellschaft. Auch weil man ihm vorgeworfen hat, er habe andere verraten – und nur deshalb selbst überlebt. Er unterrichtet heute Berufsschüler in Elektrotechnik, politisch aktiv ist er weiterhin. Er kämpft für die Erinnerung an die Zeit der Diktatur.

Wie für viele Argentinier ist die Zeit der Diktatur auch für ihn »ein sehr wichtiger Abschnitt meines Lebens« – aber nicht der einzig wichtige. Auf die Frage, wie er mit der Vergangenheit umgeht, antwortet Cachito mit der Gegenwart: »Siehst du, wie schön heute die Sonne scheint?«, fragt er mit eindringlichem Blick. Und sagt noch einmal: »Schau doch, wie schön die Sonne scheint.«

Sparer auf der Flucht

Carl Moses

Kaum ein anderes Land der Welt wurde in den letzten Jahrzehnten so oft und so stark von Wirtschaftskrisen erschüttert wie Argentinien. Immer wieder wächst die Wirtschaft ein paar Jahre lang mit hohen Raten, wie man sie sonst nur von China kennt. Doch regelmäßig stürzt sie ebenso steil wieder ab. Mehrere Inflationswellen mit Raten von bis zu 5000 Prozent pro Jahr haben die Wirtschaft und die Währung des Landes ausgezehrt. Ein Peso des Jahres 1963 ist heute noch 0,000 000 000 0001 Pesos wert. Vier Währungsreformen in vierzig Jahren brachten dreizehn Stellen Abwertung.

In einem solchen Land, in dem jede der letzten Generationen mehrere schwere Wirtschaftskrisen durchlitten hat, stehen Sparer vor besonders großen Herausforderungen. Auf der einen Seite ist es angesichts der extremen Konjunkturschwankungen besonders wichtig, in guten Zeiten für schlechte vorzusorgen. Andererseits laufen Sparer ständig Gefahr, ihre Rücklagen plötzlich zu verlieren – durch Inflation, Enteignung oder andere Folgen der regelmäßig wiederkehrenden Krisen.

Argentinier sparen darum viel, sofern ihre wirtschaftliche Lage dies zulässt. Doch sie legen ihr Geld kaum im lokalen Finanzwesen an. Die inländische Sparquote gehört mit etwa

27 Prozent des Bruttoinlandsprodukts (BIP) zu den höchsten in Lateinamerika. Aber die Gesamthöhe der Einlagen bei Banken gehört mit 17 Prozent des BIP zu den niedrigsten der Region – im Vergleich zum europäischen Durchschnitt, der bei 95 Prozent des BIP liegt, sind sie gar verschwindend gering. Wer vermögend genug ist und über entsprechende Kanäle verfügt, bringt zumindest einen Teil seiner Rücklagen ins Ausland. Nach Angaben des nationalen Statistikinstituts Indec beläuft sich das Auslandsvermögen argentinischer Privatleute und -unternehmen, die Banken nicht mit eingeschlossen, auf 157 Milliarden Dollar, das entspricht fast der Hälfte des BIP. Allein in den letzten zwei Jahren haben die Argentinier rund 20 Milliarden Dollar ins Ausland geschafft. Ein Großteil dieser Anlagen ist beim Fiskus nicht deklariert. Zahlreiche Privatkundenberater sind im Auftrag amerikanischer, schweizerischer und anderer ausländischer Banken ständig in Argentinien unterwegs, um betuchte Kunden mit größter Diskretion über ihre Auslandsanlagen zu beraten. Deren Anlageverhalten sei äußerst konservativ, ist zu hören – nach der globalen Krise mehr denn je. In den Genuss einer solchen Vorzugsbedienung kommen allerdings nur solche Anleger, die mindestens über ein paar 100 000 Dollar liquides Vermögen verfügen. Das können nicht viele Menschen in dem südamerikanischen Land, in dem Schätzungen zufolge ein Drittel der Bevölkerung in Armut lebt und die Mittelschicht seit Jahrzehnten schrumpft.

Wer nur wenig Geld beiseitelegen kann, kauft in der Regel bare Dollars und bunkert sie in einem Schließfach oder in irgendeinem anderen Versteck. Die Beratungsfirma Estudio Bein & Asociados hat aus Daten der amerikanischen Notenbank errechnet, dass kein anderes Land der Welt pro Kopf der Bevölkerung so viele Dollar-Scheine hortet wie Argentinien. Rund fünfzig Milliarden Dollar sollen bar in Argentinien liegen, das wären etwa 1300 Dollar je Einwohner. Russland liegt mit 550 Dollar pro Einwohner weltweit an zweiter Stelle.

Zu den lokalen Banken bringt man sein Geld bestenfalls für sehr kurzfristige Anlagen. Immer neue Rückschläge haben das Vertrauen der Argentinier in Staat und Banken nachhaltig erschüttert. Anfang der Neunzigerjahre wurden kurzfristig angelegte Termingelder mit einem Federstrich der Regierung in zehnjährige Staatsanleihen umgewandelt. Der sogenannte Bonex-Plan war eine der ersten Maßnahmen der Regierung von Ex-Präsident Carlos Menem im Kampf gegen ein ausuferndes Staatsdefizit, dessen Finanzierung durch die Notenpresse längst zur Hyperinflation geführt hatte. Am Markt wurden die Bonex-Papiere zu weniger als einem Drittel ihres Nennwertes gehandelt. Wer das Geld brauchte, verlor den Großteil seiner Ersparnisse.

Mit der gesetzlichen Bindung des Peso an den Dollar ab 1991 lieh sich Argentinien für ein paar Jahre die Stabilität einer fremden, starken Währung. Die Wirtschaft erlebte einen Aufschwung, das Bankwesen erwachte kurz zu neuer Blüte. Doch die Defizite des Staatshaushalts blieben. Statt mit der Notenpresse wurden sie durch die Ausgabe von Anleihen finanziert, die in den Boomzeiten der Neunzigerjahre im In- und Ausland reißenden Absatz fanden. Ein paar Jahre später kam nach einem weltweiten Anstieg der Zinsen, dem Verfall der Rohstoffpreise und nach Krisen in anderen Schwellenländern auch in Argentinien der nächste Finanzcrash. Ende 2001 fror die Regierung des glücklosen Präsidenten Fernando De la Rúa über Nacht die Bankeinlagen ein, die ein paar Wochen zuvor noch per Gesetz als »unantastbar« erklärt worden waren. Dollareinlagen wurden zwangsweise in Pesos umgewandelt, der Wechselkurs dem freien Fall überlassen. De la Rúa trat zurück und musste mit einem Hubschrauber vom Dach des Präsidentenpalastes fliehen, um dem Volkszorn zu entgehen.

Die zahlungsunfähige Regierung erklärte sich für nicht in der Lage, mehr als 100 Milliarden Dollar Schulden weiterhin zu bedienen, es kam damit zur bisher größten Pleite eines souveränen Staates. In harter Währung gemessen, verloren Bankeinlagen und Staatsanleihen bis zu drei Viertel ihres Wertes. Monatelang schlugen wütende Sparer Tag für Tag mit Hämmern und Töpfen an die Tore der völlig verbarrikadierten Banken. Wenngleich die argentinische Volkswirtschaft, getragen vom Rohstoffboom der vergangenen Jahre, erstaunlich rasch wieder Tritt fasste, hat sich das Finanzwesen von diesem Rückschlag bis heute nicht erholt.

In der jüngsten Konjunkturkrise, die teils hausgemacht, teils der globalen Entwicklung geschuldet ist, fand die Regierung von Staatspräsidentin Cristina Kirchner eine neue Beute, um das bedrohlich knapp werdende Budget aufzubessern. Auf Kirchners Initiative beschloss das Parlament Ende 2008 die Übertragung der seit 1994 privat verwalteten Pensionsfonds an die staatliche Rentenkasse. Ein Jahr zuvor hatte die Regierung noch versucht, die Beitragszahler auf freiwilliger Basis zurück in die staatliche Rentenversicherung zu locken. Vier von fünf Rentensparern blieben indes lieber im privaten System. Nun wurden ihre individuellen Rücklagen zwangsweise an die staatliche Umlagekasse übertragen. Aus den Fonds, die immerhin ein Volumen von etwa sieben Prozent des BIP erreicht hatten, werden nun subventionierte Kredite für den Kauf von Autos, Kühlschränken oder Wohnungen finanziert. Gleichzeitig hat die neuerliche Enttäuschung der Sparer jedoch die Kapitalflucht zusätzlich angeheizt und dem lokalen Markt damit weitere Liquidität entzogen.

Nur zwei von zehn argentinischen Familien sind derzeit überhaupt in der Lage, vom laufenden Einkommen etwas zurückzulegen, ergab eine Umfrage der Stiftung Mercado. Die Mehrheit lebt von der Hand in den Mund. »Bezieher von Arbeitseinkommen können heute kaum mehr sparen«, erklärt der Finanzberater Esteban Marx. »In den Neunzigerjahren konnte ich ein bisschen vom Lohn zurücklegen«, erzählt der Gartenarbeiter Claudio. »Heute komme ich nur mit Mühe bis ans Monatsende.« Seine früheren Ersparnisse hat Claudio in ein kleines Grundstück und eine bescheidene Behausung draußen vor der Stadt investiert. Ob arm oder reich – die Anlage in Immobilien erscheint vielen Argentiniern als die sicherste Anlage. »Steine sind Steine«, lautet ein geflügeltes Wort. Eltern helfen ihren Kindern, möglichst schnell zu einem Eigenheim zu kommen. In der Tradition Südeuropas, von wo die meisten Argentinier stammen, ist der Zusammenhalt in der Familie die wohl wirksamste soziale Absicherung.

Ein großer Teil der argentinischen Vermögen wird in der Landwirtschaft erarbeitet. Die Farmer haben ein besonders kritisches Verhältnis zu Staat und Banken. Die einzige Währung, der sie trauen, sind Korn und Sojabohne. Statt Geld auf die Bank zu bringen, horten sie lieber ihre Ernten. Millionen Tonnen Mais und Sojabohnen werden nach der Ernte in lange Plastikschläuche abgefüllt und direkt auf dem Acker gelagert. Aus diesem »Silo Bolsa«, Sacksilo, wird die Ware je nach Bedarf abverkauft.

Der Mangel an Vertrauen in die Regierung schmälert auch die Erfolgsaussichten einer Initiative zur Amnestie von Schwarzgeldern, mit der Staatschefin Kirchner Fluchtkapital zurücklocken will. Wer bisher verheimlichte Vermögen deklariert, soll bei Erlass aller bis dato fällig gewordenen Steuerschulden lediglich eine Abgabe von acht Prozent des deklarierten Vermögens zahlen müssen. Wer das Geld im Land anlegt, muss noch weniger zahlen: Wenn er die Mittel in Staatsanleihen investiert, fallen lediglich drei Prozent Abgabe an, steckt er seine Mittel in Bau- oder Industrieprojekte, sogar nur ein Prozent. Deponiert er sein Vermögen dagegen auf einer Bank, muss er sechs Prozent zahlen. Die Resonanz auf das Angebot des Fiskus war jedoch äußerst verhalten. Nach einer leidvollen Geschichte voller Krisen weiß man die Reserven für schlechte Zeiten am liebsten im Ausland oder in Dollar-Scheinen unter der Matratze.

Von der Krise zu Unternehmern verdammt

Ingo Malcher

Zuerst ist da das taub machende Hämmern des Bolzens der Aluminiumpresse. Einmal pro Sekunde, sechzigmal in der Minute, 3600 Mal in der Stunde. Ohne Pause schlägt monoton Eisen auf Eisen. Als Nächstes der Gestank. Es riecht nach verglühtem Metall, nach verbranntem Lack, nach giftiger Asche. Ätzend setzt er sich in der Nase fest und wandert durch die Bronchien langsam zur Lunge. Jeder Atemzug ekelt, kostet Überwindung. Und dann ist da der alte Pförtner am Fabrikeingang. Die grauen Haare hat er nach hinten gekämmt, zur grünen Hose trägt er ein blaues Zweireiher-Jackett mit Goldknöpfen. Er hört schlecht und bewegt sich langsam, ist aber äußerst zuvorkommend. »Sergio Veliz?«, ja, er lässt ihn rufen.

»IMPA« steht in roten Lettern über dem Tor neben der Pförtnerloge. IMPA war Argentiniens erste Aluminiumfabrik. Im Jahr 1932 in Buenos Aires gegründet, im Jahr 1997 pleitegegangen – und trotzdem nicht verschwunden. Stattdessen ist die Fabrik zu einem Symbol geworden in Argentinien. Denn ihre Arbeiter sind Pioniere der Arbeitsplatzsicherung in Zeiten der Krise – wenn auch mit unorthodoxen Methoden. Als die Besitzergesellschaft Konkurs anmeldete, hat die Belegschaft IMPA übernommen und betreibt die Fabrik seither in eigener Regie mit eigenen Regeln: ohne Manager, Prokuristen und Aufsichtsräte, doch mit Erfolg. Aber Erfolg ist kurz nach dem Staatsbankrott etwas sehr Relatives in Argentinien.

Sergio Veliz ist dreißig Jahre alt, seit acht Jahren bei IMPA und seit einem Jahr im Arbeiterrat der Kooperative. Sein Platz ist an der hämmernden Aluminiumpresse, die im Sekundentakt den Arbeitsrhythmus bei IMPA vorgibt und deren Donnern noch bis auf die Straße zu hören ist. Täglich schaufelt er rund 25 000 kleine Aluminiummünzen auf ein Tablett, sortiert die kaputten aus und schüttet den Rest in seine Maschine. Mit heftigem Schlag hämmert ein Bolzen auf die Münze, heraus kommt eine Tube. In zwei Schichten läuft die Maschine, rund 50 000 Tuben für Zahnpasta oder Medikamente schafft sie täglich.

Ein Vergnügen ist das nicht. Aber Veliz ist sein eigener Chef. »Anfangs war ich skeptisch gegenüber unserem Modell«, brüllt er gegen seine Maschine an, »aber heute glaube ich, wir können es schaffen. Wir haben Material, Maschinen und eine gute Ausbildung.« Einerseits. Andererseits sieht IMPA nicht aus wie ein florierendes Unternehmen. Eher schon wie ein Industriefriedhof. 22 000 Quadratmeter Fläche umfasst die Fabrik auf fünf Stockwerken, etwa auf der Hälfte wird noch gearbeitet. Das Gebäude ist ein Labyrinth aus dunklen Gängen, Treppen, Rampen und verdreckten Innenhöfen. Die Alupresse von Veliz ist eine Rarität. Mit einem Lappen wischt er das Metalletikett frei. »Maschinenfabrik Herlan & Co. Karlsruhe«, kommt dort zum Vorschein. Und noch etwas: »Type: ATR, Baujahr 1959.« »Die hält gut durch«, sagt Veliz.

Auch der Aluminiumofen scheint noch aus der Zeit der industriellen Revolution zu stammen – ein wahres Monster. Dreißig Tonnen Aluminium kann er schlucken, er ist so groß wie ein Tanklaster und steht auf krummen Füßen. Hinter den verrosteten Wänden brodelt flüssiges Aluminium, das in Formen gegossen wird. Es ist unerträglich heiß, glühender Alustaub wirbelt durch die Luft, es stinkt nach geschmolzenem Metall und verbrannter Farbe. Niemand trägt hier Schutzkleidung oder eine Atemmaske, eine Lüftung gibt es nicht, viele Fenster klemmen. Arbeiter-Selbstverwaltung ist auch Arbeiter-Selbstausbeutung. Doch neues Aluminium zu kaufen wäre zu teuer. »Dann wären wir längst bankrott«, sagt Veliz. Daher wird in dem Ofen alles eingeschmolzen, was nach Aluminium aussieht: Joghurtdeckel, Produktionsabfälle, die Druckplatten von Argentiniens größter Tageszeitung. Ein duales System mit Risiken: Alles, was dem Aluminium beigemischt wurde – Farben, Lacke, Bindemittel –, verbrennt hier zu einem ätzenden Gemisch. Was aus dem kleinen Schornstein herauskommt, weiß niemand. Es hat auch noch nie jemand gefragt.

Giftige Dämpfe, uralte Maschinen, verdreckte Fabrikhallen – aber Veliz meint, er hatte Glück. »Die Wahrheit ist, ich bin sehr dankbar«, sagt er. Er hat ein Lausbubenlächeln, trägt als Einziger Bermudas bei der Arbeit und die schwarze Baseballmütze einer brasilianischen Heavy-Metal-Band. Wäre IMPA nicht gerettet worden, wäre er heute arbeitslos.

Argentinien hatte sich noch nicht von seiner turbulenten Wirtschafts- und Finanzkrise erholt, bei der im Jahr 2001 alles zusammenbrach. Die Regierung musste den zehn Jahre an den Dollar gekoppelten Peso abwerten und sich zahlungsunfähig melden. Im Zuge der wilden Januartage des Jahres 2002 waren die Banken kollabiert. Dem Finanzsektor fehlte es an Liquidität, das Kreditgeschäft lag am Boden. Wer sich Geld lieh, musste Fantasiezinsen um die sechzig Prozent zahlen. Doch ohne Kredit auch keine Produktion, als Folge brachen die Firmenpleiten alle Rekorde. Das Nationale Institut für Statistik und Volkszählung gab die Arbeitslosigkeit mit zwanzig Prozent an, hinzuzuzählen waren weitere zwanzig Prozent der arbeitsfähigen Bevölkerung, die sich als Tagelöhner durchschlugen. In Argentinien arbeitslos zu sein bedeutet, ohne Einkommen dazustehen. Kaum jemand hat eine Arbeitslosenversicherung. Firmenpleiten sind für die Arbeiter damit auch der private Ruin.

Auswege gibt es wenige. Bei IMPA wird ein solcher versucht. Aus der Not wurde eine Mode, in ganz Argentinien übernahmen Arbeiter ihre bankrotten Fabriken. Sie mischen Eiscreme, zersägen geschlachtete Rinder zu Steaks oder nähen Hemden. Mehr als hundert Unternehmen, so schätzt der Arbeitsrechtler Luis Alberto Caro, seien inzwischen in Arbeiterhand, rund 10 000 Arbeitsplätze dadurch gerettet worden.

Gründerhilfe leistet die argentinische Verfassung. Dort ist niedergeschrieben, dass ein Richter die bankrotten Besitzer eines Unternehmens enteignen kann, um betrügerischen Bankrott zu vermeiden. Denn nicht selten laufen gewiefte Unternehmer zum Konkursrichter, wenn sie ihre Firma nur schließen wollen. Sie entledigen sich damit geschickt ihrer Schulden, sparen sich Sozialplan und Abfindungen – selbst wenn sie in Wirklichkeit gar nicht pleite sind. Genau hier greift der Enteignungsparagraf: Da die Firma im Fall des Konkurses ohnehin schließen würde, kann der Firmenbesitzer enteignet werden. Voraussetzung: Die Arbeiter müssen beschließen, fortan ihre Firma weiterzuführen.

Viele tun das, weil es oft die einzige Alternative zur Arbeitslosigkeit ist. Und sehen in den erhabenen Büros der Chefetage etwas verloren aus. Eduardo Murúa hat bei IMPA das einstige Büro des Geschäftsführers bezogen, das Anfang der Siebzigerjahre wohl zum letzten Mal renoviert wurde. Die Wände sind mit dunklem Holz vertäfelt, in den Zimmern stehen schwere Schreibtische und abgewetzte Ledersessel. Mit jedem Schlag der Alupresse einen Stock tiefer vibriert der Fußboden. Murúa hat nichts von einem Geschäftsführer: Sein weißes Wuschelhaar steht in alle Richtungen ab, sein Hemd hängt über der Hose, er raucht ununterbrochen, und im Aschenbecher klebt ein Kaugummi. Aber ohne Murúa würde es IMPA heute nicht mehr geben.

Als die undurchsichtige Besitzergesellschaft 1997 pleiteging, besetzten die Arbeiter die Fabrik und forderten Abfindungen. Murúa wurde von der Gewerkschaft zur Fabrik geschickt, um den Arbeitskampf zu organisieren. Das war sein Job. Er war Gewerkschaftsprofi und wurde dafür bezahlt, dass Arbeiter demonstrieren, streiken oder Fabriken besetzen. Für Murúa war IMPA zunächst nur eine Fabrik mehr in seiner Streikliste. Aber nicht seine einfachste: Anderthalb Jahre hielten sie die Fabrik besetzt. Am 22. Mai 1998 hatten sie gewonnen. Per Gerichtsbeschluss wurde die Besitzergesellschaft enteignet, die Firma der Belegschaft zugesprochen. Allerdings auch die sechs Millionen Pesos Schulden.

Damit fing der eigentliche Kampf erst an, auf fremdem Terrain. Die Versorgungsbetriebe hatten den Strom, das Wasser und das Gas abgedreht, weil die Rechnungen in den Jahren zuvor nicht bezahlt worden waren. Es gab kein Material für die Produktion, keine Kredite, keine Ingenieure und keine Buchhalter. Alles, was Murúa und die Arbeiter konnten, war, Aluminiumplatten in Teller, Tuben und Tabletts zu verwandeln. »Alle haben uns gesagt: Vergesst es, es wird nie klappen«, sagt Murúa. Also fingen sie an, aus Aluabfällen Alufolie herzustellen. Das war das Einfachste.

Und Murúa, der Gewerkschaftsmann, wurde zum Geschäftsmann. Mit über der Jeans hängendem Hemd, die Packung Marlboro in der Brusttasche, lief er bei den Lieferanten auf und wollte Material kaufen. Sie lachten ihn aus, als er vierzig Prozent Rabatt herausschlagen wollte. Aber Murúa ist Gewerkschafter. Er kann verhandeln. Und überzeugen. Er hat gesagt: »Wollt ihr Geschäfte machen, die weniger rentabel sind, oder wollt ihr, dass wir auch pleitegehen und euch dann gar nichts mehr abkaufen?« Er bekam die vierzig Prozent.

Auch alte Kunden wurden zurückgewonnen, obwohl ihnen die Arbeiterkooperative anfangs suspekt war. Aber die Wirtschaftskrise Argentiniens kam IMPA beim Verkaufen sehr gelegen. Seit der argentinische Peso 2002 um rund siebzig Prozent gegenüber dem Dollar nachgegeben hat, sind Importwaren unerschwinglich geworden, die Preise für nationale Produkte hingegen blieben stabil. Dadurch sind argentinische Aluteller günstiger als etwa die der spanischen Konkurrenz.

Aus gebeutelten Arbeitern wurden Krisengewinner. Jetzt produziert IMPA Aluteller für Fluggesellschaften und Tiefkühlpizza, Alupapier für Sektflaschen und Schokoladenverpackungen, Spraydosen und Tuben in allen Größen. 2002 setzte IMPA bereits fünf Millionen Pesos, rund 1,5 Millionen Euro, um. Zu Beginn hatte IMPA 47 Arbeiter, heute sind es 147, und alle sind Miteigentümer. Zu Beginn haben sie 145 Euro im Monat verdient, heute sind es etwa 290. Gezahlt wird pünktlich am Monatsende – keine Selbstverständlichkeit in einem Land, in dem selbst die Stadtregierung von Buenos Aires ihre Angestellten vier Monate lang auf ihren Lohn warten lässt.

Es ist aber auch nicht selbstverständlich, dass es IMPA noch gibt. Bis zum Jahr 2001 kam die Arbeiterkooperative bei den Bilanzen immer null auf null raus. Gewinn? Fehlanzeige. Und noch immer lasten Schulden aus dem Konkurs der Firma auf dem Unternehmen. Immerhin soll das Gebäude sechzehn Millionen Peso wert sein. Aber bis die Firma schuldenfrei ist, sind kaum Investitionen möglich. Es darf keine Maschine kaputt- und kein Auftrag verloren gehen, es müssen immer neue Kunden gewonnen werden. Und vor allem: Es dürfen im Arbeiterrat, dem Management-Gremium, keine falschen Entscheidungen gefällt werden.

Bei der Sitzung des Arbeiterrates im ehemaligen Büro des Direktors sitzen die gewählten Räte um Sergio Veliz in ihren ölverschmierten Uniformen am ovalen Konferenztisch, wo früher die Gesellschafter tagten. Durch die Milchglasscheiben dringt kaum Licht in den dunklen Raum, der Zigarettenrauch ist zu einem dichten Nebel geronnen. Es ist still, nur das dumpfe Hämmern der Alupresse hallt durch die Wände. Alle beugen sich über ein Blatt Papier, das Murúa ausgeteilt hat. Darin steht etwas von einer »arbeitszeitlichen Spezialperiode« – dahinter verbirgt sich nichts anderes als Überstunden. Denn Murúa hat einen Auftrag an Land gezogen, der die Kräfte der Firma übersteigt. Zwei Millionen Alutuben in einem Monat hat er einem Kunden versprochen. »Das wäre eine Revolution«, sagt er. Aber das ist mehr, als Veliz' Alupresse schafft. Sie müsste die Nacht durchlaufen, aber dann »gehen uns die Nachbarn an die Eier«, murrt Veliz. Die Maschine ist einfach zu laut. Murúa diktiert: »Die Nachbarn dürfen kein Problem sein.« Zwar liegt IMPA mitten in einer Wohngegend im Viertel Almagro, aber wenn zwei Millionen Tuben verkauft werden können, kann auf die Nachbarn keine Rücksicht genommen werden. Es gilt die Konkursschuld abzustottern, da müssen alle Opfer bringen.

Doch trotz aller Überstunden – der Auftrag ist für IMPA zu groß. Für zwei Millionen Tuben braucht Veliz sechzehn neue Arbeiter an seiner Presse. Wie sollen sie eingestellt werden? Fest? Befristet? Eine Frage, bei der es um mehr geht als um Wirtschaftlichkeit. Es geht um Glaubwürdigkeit versus Vernunft. Hugo Sanagua, der stille Wartungschef, meldet sich zu Wort: nur befristete Verträge für die Neuen. Der Gewerkschafter Murúa will von solchen Arbeitgebermethoden nichts wissen. Und Veliz will gut ausgebildete Leute an der Maschine, die gibt es nicht auf Zeit. Sanagua aber fürchtet um die Stabilität von IMPA: »Heute haben wir Aufträge, was ist morgen? Wir haben das alles hier aufgebaut und verspielen es.« Sanagua setzt sich durch. Die Mehrheit will den Neuen nur einen dreimonatigen Arbeitsvertrag geben – wie in einer normalen

Firma, geführt von ganz normalen Unternehmern. Murúa hat keine Zigaretten mehr, er zündelt mit dem Alupapier der Schachtel.

Auf dem Gang bittet jetzt auch Veliz um eine Zigarette. Vier Stunden Sitzung haben ihn nervös gemacht. Er hat Zweifel. IMPA steht auf wackeligen Beinen. Aber IMPA ist zum Erfolg verdammt, sie haben keine andere Wahl. Am Werkstor sagt Veliz noch: »Das hier ist da, um zu wachsen«, und zeigt auf die Alupresse in der Halle, »nicht um wieder einzugehen.« Es soll optimistisch klingen. Aber er sagt es, als wäre es eine Frage, auf die er dringend eine Antwort braucht.

Erntezeit im Chaco

Mempo Giardinelli

Jedes Mal, wenn Juan Gómez einen Bauernhof verließ, seufzte er tief, nachdem er das Gatter durchschritten hatte, zog die Schultern ein und marschierte gute hundert Meter. Er suchte sich ein schattiges Fleckchen, legte sich auf die Erde, die Hände im Nacken, pfiff ein paar Sekunden lang durch die Zähne, beobachtete den Flug eines Sittichschwarms und murmelte sanft: »Verdammte Hurenwirtschaft.«

Allmählich begriff er, dass das Leben noch bitterer war, als er schon immer gewusst hatte. Seit einer Woche war er auf Arbeitssuche. Man hatte ihm gesagt, im Gebiet um Quitilipi würden Tagelöhner gebraucht, doch wie er jetzt sah, dass die Erntearbeit auf allen Kleingütern schon vorgerückt war, wurde ihm die Nutzlosigkeit seiner Pilgerschaft bewusst. Es war nicht mehr wie zu den Zeiten, die ihn an die Worte des Nepomuceno erinnerten, dass die beste Zeit die Erntezeit sei, wenn der Chaco wie in Weiß gekleidet erschien und jedermann sich aufs Baumwollpflücken stürzte. Jedes Jahr wurde weniger angepflanzt, auf den Kleingütern beklagten sich alle über die Regierung (die sich vor Krediten drückte und die Einfuhr jener Fasern zuließ, die die Preise verdarben, so hatte er gehört), und natürlich wurde weniger Land bebaut, es gab weniger zu ernten, weniger Arbeit, weniger Geld. Obendrein herrschten im einen Jahr Trockenheit und im nächsten Überschwemmungen. Alles war aus dem Lot.

Dann raffte er sich langsam auf, schüttelte den Staub von seiner Hose und machte sich wieder auf den Weg, wobei er spürte, wie die sandige Erde durch die kleinen Löcher seiner Hanfschuhe zwischen seine Zehen kroch. Immer wieder überprüfte er besorgt sein kleines Bündel und stellte fest, dass ihm nur wenige Brote verblieben, obwohl er kaum davon aß; darauf schritt er wieder unbeirrt aus, um seine Dienste da und dort anzubieten in der Hoffnung, dank seiner Verschwiegenheit und Gefügigkeit werde ihm jemand irgendeine Arbeit auftragen, und begierig, ein paar Münzen zusammenzukratzen, bis er am Ende jedes Tagesmarschs sparsam an einem Kanten Brot knabberte und optimistisch dachte, alles werde sich ändern, weil Erntezeit war; und dann legte er sich unter einen Baum auf den Erdboden und schlief tief.

Gegen Ende des achten Vormittages verließ er – von Neuem abgewiesen – ein Kleingut mit Namen La Rosita und legte eine halbe Legua nordwärts zurück, als lenke er seine Schritte zur Pampa del Indio, bis er in etwa hundert Metern Entfernung an der Landstraße einen Laden erblickte. Es war ein altes, rechteckiges Haus mit je einem riesigen Lapachobaum zu beiden Seiten, vor dem eine uralte klapprige Zapfsäule mit Handkurbel stand. Er verspürte Durst und beschleunigte den Schritt. In der vergangenen Nacht hatte er sich vorgenommen, nicht zu essen, damit sein geschrumpfter Proviant einen Tag länger ausreichte. Er beschloss, jetzt ein ganzes Brot zu essen, während er sich dem Laden näherte; dort wollte er eine Flasche Zuckerrohrschnaps kaufen, um sich damit Mut zum Weitermarschieren zu machen. Er würde sie in seinem Bündel mitnehmen; so könnte er sich, wenn er eine Rast einlegen wollte, in Gesellschaft fühlen. Der Einkauf würde ihn über die Hälfte seiner Barschaft kosten, doch schnell sagte er sich, dass ihm dieses Mindestmaß an Wohlleben zustehe; er war ziemlich abgemagert, und der Strick, den er als Gürtel benutzte, saß jetzt um mindestens zwei Zentimeter enger. Das Schlimmste war seine anhaltende Traurigkeit und dass sich keine Gelegenheitsarbeit ergab; vorläufig noch nicht der Hunger.

Er zog ein Brot hervor, das steinhart war, bespuckte und beleckte es, damit es etwas weicher würde, und vermochte dann ein Stück herauszubrechen. Die lotrecht fallende Sonne brannte ihm auf den Schädel, und er musste sich mehrmals mit dem Ärmel das Gesicht abwischen; die vom Nordwind angewehten Sandkörner blieben auf seiner schweißnassen Haut kleben, und er musste sie mitkauen. Er überlegte, dass der Regen jeden Augenblick herunterprasseln müsste, sobald die heißeren Windstöße nachließen und der Himmel ganz bedeckt wäre. Hinterher würde die Feuchtigkeit unerträglich sein, doch er dachte daran, dass er beim Marschieren den köstlichen Geruch von feuchter Erde atmen und das frische Grün des Waldlands sehen würde.

Während der letzten Meter vergegenwärtigte er sich alle Kleingüter, die er aufgesucht hatte und wo die Tagelöhner in der lastenden Stille des Chacosommers fieberhaft arbeiteten, mit ihren bis zu den Ohren heruntergezogenen Strohhüten und den unerlässlichen um den Hals geschlungenen feuchten Taschentüchern. Er besah seine Hände und spürte, wie verhärtet und begierig auf das Baumwollpflücken sie waren, während in ihm eine Woge von Neid und Wut anwuchs, wie ein Juckreiz, ein jäher Drang, mit den Fingern in die Kapseln zu fassen, um sie aufzubrechen und die Hornhaut seiner Fingerspitzen von Neuem bluten zu sehen.

»'n Tag …«, sagte er beim Eintreten.

Er wandte sich zur Theke, die etwa vier Meter von der Tür entfernt war, in einem trügerischen Halbdunkel, an das sich seine Augen nur mühsam gewöhnten. Der Fußboden war gefliest. Von den drei kleinen viereckigen Tischen waren zwei besetzt: An einem saß ein Dunkelhäutiger mit breiten Schultern und Armen, die einen Traktor stemmen konnten, und hielt ein Nickerchen oder schlief seinen Rausch aus; an dem anderen hockten drei Bauern, die wie Drillinge aussahen – mit ihren gleichen dünnen Bärtchen, kaum nasenbreit, und den tief in die Stirn gezogenen breitkrempigen Schlapphüten, unter denen buschiges Kraushaar hervorquoll – und unterhielten sich lustlos, wie Taubengekoller.

»Was willst du hier?«, fragte die Frau, die mit aufgestützten Ellenbogen hinter der Theke stand. Sie mochte vierzig Jahre alt sein, mit Brüsten wie reife Papayas und Pranken, die zwei fetten Vogelspinnen glichen.

»Zuckerrohrschnaps«, antwortete Juan Gómez. »Eine Flasche.«

Die Frau drehte sich um und hielt dann die Flasche in der Hand, als habe sie sie aus der Luft gegriffen.

»Macht dreihundert.«

»In Ordnung.« Juan Gómez kramte in seinen Taschen, zählte drei Scheine ab, glättete sie und legte sie auf die Theke. Sie nahm sie, ohne nachzuzählen, und steckte sie zwischen ihre Brüste.

»Wenn Sie mir ein Glas leihen, würde ich gerne einen Schluck nehmen.«

Sie blickte ihn unverwandt an, als habe sie nicht gehört.

»Ein Glas«, wiederholte er. »Geben Sie mir ein Glas.«

»Nein, du gehst jetzt.«

»Aber leihen Sie mir doch ein Glas. Nur für einen Schluck.«

»Nein, hab ich gesagt. Nichts kriegst du. Wir wollen euch hier nicht.«

»Wer ist wir?«

»Ihr Tagelöhner von auswärts. Es gibt nicht mal Arbeit für uns, und ich weiß nicht, was ihr hier sucht. Völlig umsonst. Und drückt noch die Löhne.«

»Schon gut, Frau Chefin, ich schau ja nur. Auf eigene Rechnung. Ich bin allein und falle niemandem zur Last. Und ich bitte nur um ein Glas, um von dem Schnaps zu trinken, den Sie mir verkauft haben; dann gehe ich sofort.«

»Nein, du gehst gleich. Raus mit dir. Wir wollen euch hier nicht.«

»Ich bin allein unterwegs, Chefin, das habe ich eben doch schon gesagt. Und schmeißen Sie mich nicht so raus, ich bin kein Hund.«

»Raus, verdammt noch mal!«

Juan Gómez sah sie fest an und verengte die Augen, die sich in zwei kleine finstere, hasserfüllte Schlitze verwandelten. Er merkte, dass die Stammkunden stumm seinem Wortwechsel mit der Frau lauschten, während die Temperatur um ein paar Grad gestiegen zu sein schien. Bevor er antworten konnte – oder bevor er sich entschloss zu antworten, denn etwas in seinem Innern riet ihm, ruhig zu bleiben –, erschien ein Mann hinter der Frau, größer als sie, halb kahl und rund wie ein Paloborrachostamm, mit einem so glanzlosen und kalten Blick wie ein Toter. Er fragte, was los sei, und sie antwortete ohne Zögern: »Der geht mir auf die Nerven, Pegro. Will nicht gehen, obwohl ich ihm gesagt habe, wir wollen hier keine Scheißtagelöhner.«

Der Dicke blickte Juan Gómez an. »Was willst du? Prügel?«

»Nein, Chef, hab nur um ein Glas gebeten, um von meinem Schnaps zu trinken. Ich habe Durst.«

»Kommst du aus Saespeña?«

»Aus Napenay.«

»Ist das Gleiche. Wer schickt dich her?«

»Niemand.« Juan Gómez lächelte und zuckte mit den Schultern. »Ich bin allein.«

»Und wohin gehst du?«

»Wo ich Arbeit finde.«

Der Dicke betrachtete ihn geringschätzig mit seinem eiskalten Blick, und es war, als senke er ein dichtes, vernichtendes Schweigen auf die Stammkunden herab; dann murmelte er verächtlich etwas, während er fast zugleich aus dem Mundwinkel schwarzen zähen Schleim ausspuckte und eine verschwitzte Hand ausstreckte, die Juan Gómez' rechte Schulter berührte und ihn zurückweichen ließ.

»Schaut euch den Hurensohn an!«, röchelte der Dicke heiser den anderen zu. »Sucht Arbeit, die er euch wegnimmt, einfach so, und fühlt sich nicht mal schuldig. Dafür schleppen sie die her, um die Leute zu verarschen! Verkaufen sich wie die Huren, drücken die Löhne und nehmen uns die Arbeit weg!«

»Nicht, da täuschen Sie sich«, erwiderte Juan Gómez, bemüht, den Dicken mit Gesten zu beschwichtigen. »Ich will niemand was wegnehmen. Jedem das Seine, der Kies, den er verdient hat. Niemand hat mich hergeschickt. Bin allein gekommen.«

»Dich hat der Ramíre hergeschickt, lüg doch nicht.«

»Welcher Ramíre? Kenne ich nicht.«

»Doch, der hat dich hergeschickt, um die Leute zu verarschen, um sie zu ärgern; genau deshalb.«

Der breitschultrige Dunkelhäutige war aufgestanden und trat auf Juan Gómez zu; mit beiden Händen packte er ihn am Hemd, das riss, und sagte leise, wobei er ihm seinen lauwarmen Atem ins Gesicht blies: »Du Hurensohn.«

Juan Gómez wich einen Schritt zurück, während er sein Blut ins Gesicht schießen fühlte. Er bekam Angst und verbiss sich seine Antwort. Sein Herz war aus dem Rhythmus geraten und hämmerte ungestüm gegen seine Rippen. Die drei Bauern am anderen Tisch standen gleichfalls auf und näherten sich der Theke. Juan Gómez wich noch einen Schritt zurück und stellte sich so hin, dass niemand hinter ihn treten konnte; er blickte verstohlen zur Tür, durch die ein warmer, breiter Lichtstrahl fiel, und bereute, eingetreten zu sein.

»Ramíre hat dich im Lastwagen hergebracht«, behauptete der kleinste der Bauern. »Ich habe dich heute früh gesehen, als Ramíre einen Lastwagen voll Leute aus Quitilipi gebracht hat; Indios und dergleichen; und der hier war dabei.«

»Der will doch aus Napenay sein«, sagte ein anderer zweifelnd.

»Und wenns so ist, kümmerts mich einen Scheißdreck«, warf der Dunkelhäutige ein und schlug Juan Gómez mit der flachen Hand heftig mitten ins Gesicht.

Dann versetzte er ihm einen ordentlichen Haken gegen die Kinnlade, der ihn durch die Luft und auf einen Tisch schleuderte, von dem er zu Boden stürzte. Er kam nicht dazu, sich hochzurappeln: Ein Gewirr von Beinen trampelte auf seinem Körper herum, sodass er sich nur mit den Armen zu schützen vermochte, während er die eigene Stimme seinen Schmerz und seine Ohnmacht herausschreien hörte. Die aufgestachelte Frau spornte die Männer an. Juan Gómez, der im Mund eine klebrige, salzige Flüssigkeit spürte, rollte sich auf die Seite und sah sein eigenes Blut. Es gelang ihm, sich wegzuwälzen und auf die Füße zu kommen. Er empfing einen heftigen Schlag, als hätte man ihm einen Hieb mit einem Spaten versetzt, und stürzte zur Tür. Der Dicke, der Pegro hieß, versuchte, ihn festzuhalten, indem er ihn am Hemd packte, aber Juan Gómez trat ihm mit aller Kraft in den Hoden und rannte auf die Straße hinaus, während der andere vor Schmerz aufheulte und zu Boden ging.

Er rannte in der Gewissheit, verfolgt zu werden. Augenblicke später blickte er zurück und konnte feststellen, dass ihm im Abstand von etwa hundert Metern der Dunkelhäutige und zwei der Bauern nachrannten; einer von ihnen hielt eine Flinte in der Faust. Juan Gómez bog instinktiv von der Landstraße ins Buschland ab und presste die Schnapsflasche gegen die Brust. Verzweifelt schlug er den Flaschenhals gegen einen Johannisbrotbaum und hob die Flasche an den Mund; gierig trank er die Flüssigkeit, ohne darauf zu achten, ob das zersplitterte Glas ihm die Lippen zerschnitt, so als müsse er plötzlich sein eigenes Blut versüßen, und als er den Lauf wieder aufnahm, noch immer die Flasche in der Hand, merkte er, dass er weinte.

Er wusste nicht, wie lange er gelaufen war, doch als er sich erschöpft mit dem Gesicht zu Boden niederwarf, fühlte er, dass seine Beine zitterten und seine Hände nicht mehr den von seinem Gehirn gesandten Befehlen gehorchten. Er wusste, dass sein einziger Ausweg die Flucht war, doch sein entkräfteter Körper ließ sich nicht mehr aufrichten. Er hob den Kopf und sah, dass alles verschwamm. Sein Schweiß, sein Blut, das noch immer aus der linken Braue rann, und die süßen Reste des Zuckerrohrschnapses trübten seinen Blick. Er stellte die zerbrochene Flasche zur Seite und wischte sich mit dem Hemdsärmel über die Augen. Er weinte nicht mehr. Er richtete sich mühsam auf und stellte fest, dass er sich auf einer Lichtung befand; er stützte sein ganzes Gewicht auf einen Ellenbogen und sah sich um, lauschte aufmerksam auf die Geräusche des Buschlands, bis er einen riesigen Guajakbaum erkennen konnte, doch schon vernebelte sich sein Blick wieder. Er hob eine Hand zu den Augen und fuhr, erschreckt vor dem Anblick des Blutes daran, zurück. Jetzt hörte er Hundegebell.

Mit einem Satz sprang er auf und rannte trotz Ermüdung und Schmerz wieder los; er verfing sich im Gestrüpp, stachelige Büsche zerkratzten ihm Arme und Gesicht und zerschlissen seine Hosenbeine und die Überreste seines Hemdes.

Doch seine Angst wog mehr als all das – vielleicht weil die Angst ein stärkerer Schmerz ist als der Schmerz selber. Er kam nicht weit; das wütende, unerbittliche Hundegebell war immer deutlicher zu hören. Und er kannte die Hunde im Buschland, ihren Spürsinn, ihre Hartnäckigkeit.

Keuchend blieb er vor einem über einen Meter Durchmesser dicken Quebrachostamm stehen und sank schwerfällig zu Boden. Sein Herz erzeugte beim Pochen dumpfe Geräusche und betäubte ihn, und sein Schnaufen trocknete ihm den Mund aus; seine Beine waren wie Zigarrenasche, die der Wind fortwehen konnte; seine Kinnlade vollführte plötzlich ein verrücktes Kastagnettengeklapper, über das er keine Gewalt hatte, bis sie sich mit einem Mal verkrampfte und seine Zunge lähmte.

Wieder erschreckte ihn beängstigend nahes Hundegebell, doch nun hatte er nicht mehr die Kraft, weiterzufliehen. Er versuchte nicht einmal, sich aufzuraffen; er hob die Flaschenhälfte, die sich wie eine Glaskrone öffnete, und schlürfte einen kurzen Schluck. Er leckte den letzten Tropfen ab, gleichgültig gegenüber den Verletzungen, die er sich dabei zufügte.

»Hierher!«, schrie eine Stimme, so nah, dass sie in seinen Ohren widerzuhallen schien.

»Lauf dem Hund nach, Pegro!«, drängte eine Stimme, die kaum weiter entfernt war.

Juan Gómez fuhr sich mit einer Hand über das Haar, während er unterdrückt aufschluchzte. Er schloss die Augen und lehnte sich an den Baum, während er sich fragte, wie er in diese Lage geraten konnte, ausgerechnet zur Erntezeit, wenn im ganzen Chaco alles besser wurde. Aber eine Sekunde später, als er die Hunde über sich herfallen sah, wusste er, dass er es nie erfahren würde.

Silberkondor über Feuerland

Gunther Plüschow

Und endlich ist er da, unser großer Tag!

Wohin ist die Zeit bloß geflohen, wir schreiben ja schon Februar 1929!

Mein unbestimmbares, nie trügendes inneres Gefühl ruft mich auch diesmal. Ich wache, von einer unbewussten Macht getrieben, auf, geh an Deck, es ist erst fünf Uhr früh – leuchtend klar wölbt sich der Himmel über uns im neuen Morgenschimmer.

Da weiß ich es: Unser Tag ist da! Ich laufe nach vorn und brülle ins Logis hinunter: »Alle Mann auf, es ist so weit!«

Zehn Minuten später stehen wir alle an Deck, blicken staunend zu dem noch so absolut wolkenfreien Himmel empor, zum Buckland, der sich bis zu uns widerspiegelt, zum Sarmiento, dessen beide äußerste Zackenspitzen eben über dem Berg sichtbar sind, kein Lufthauch regt sich! Welch köstlicher Morgen, für solch eine Stunde liegen wir alle gerne noch viele Wochen in Sturm und Regen.

Nun dreht sich schon der Propeller, die Maschine ist restlos vollgetankt. Mein braver Dreblow prüft gewissenhaft den ganzen Vogel noch mal ab, einen Augenblick muss ich noch warten, denn die Sonne muss erst über den Monte Sella kommen, um die Eisschicht von den Tragflächen unseres Silberkondors abzuschmelzen. An dessen Nordhang entdecken wir übrigens wenig später auf halber Höhe einen reizenden kreisrunden See.

Nun ist die Sonne da, lässt Eis und Tragflächen rosig aufleuchten, tropfend löst sich das Eis auf, klatscht als Perlen nieder, nun sind die Schwingen eisfrei.

Brummend rolle ich zur Bucht hinaus, durchschneide mit meinem Kielwasser die Widerspiegelung des Buckland, die so natürlich ist, dass ich unwillkürlich das Gas weggenommen habe. Garibaldi steht längst mit den anderen Filmkameras an Land und hat diesen ganzen wunderbaren Vorgang, die Holzpantine daneben, gekurbelt.

Spielend heben wir uns vom Wasser, so schwer wir auch beladen sind. Spielend gewinne ich an Höhe, das Land fällt unter uns fast weg; als wir zweitausend Meter hoch sind, schaue ich mich erst um.

Wir hätten nicht gewagt, uns so etwas vorzustellen: Völlig wolkenfrei unter leuchtend blauem Himmel, an einem Meer, das an der Riviera nicht schöner sein kann, liegt vor und unter uns das ganze in Eis und Schnee und Gletschern und grünen Wäldern schimmernde und glitzernde Feuerland!

Da liegt das Bucklandmassiv. Die Königin mit unverhülltem Haupt schaut sehnsüchtig zu ihrem König. Da steht auch der wie eine himmlische Gralsburg, getrennt von der Königin nur durch einen Kanal, ein paar lumpige Kilometer, welche Sehnsucht muss sein altes Herz fassen, wenn er die Königin in all ihrer Pracht erblickt. Ich kann verstehen, dass er vor Gram des vergeblichen Sehnens stets sein Haupt verhüllt.

Da liegt aber auch wie hingegossen, in fantastischen Farben schillernd, der ganze Agostinifjord. Heute sind nicht nur die abschließenden Gletscher im Hintergrund zu sehen, sondern auch der gewaltige Monte Darwin selbst, von dem aus diese Gletscher kommen.

Und da ist sie, in ihrer grandiosen, überirdischen Gestalt –

die ganze Darwinkordillere selbst, das Rückgrat des Feuerlands, das Ende der amerikanischen Festlandskordillere, die etwas weiter endgültig in die grausige Tiefe des Südpolarmeeres verschwindet.

Dreblow hinter mir arbeitet fieberhaft mit den Kameras. Könnten wir doch auch all diese Farben mit in unsere Kästen einfangen! Ich umfliege den Buckland und den Sarmiento, überfliege den Agostinifjord immer und immer wieder in den verschiedensten Höhen, und als alle Filme belichtet sind, sause ich schnell in die Traumbucht. Neue Filme werden eingelegt, schon sind wir wieder in der Luft und ich habe das Flugzeug rumgeworfen.

Der große Transfeuerlandflug, vom Monte Sarmiento im Westen bis nach Ushuaia im Osten, den auch nur auszudenken niemand vor mir gewagt hat, ist angetreten.

Wie soll ich das beschreiben, was wir nun erleben, wie Worte dafür finden? Ich kann es einfach nicht, vielleicht zeigt unser Film etwas davon, der aber auch nur ohne diese unwiederbringlichen Farben.

Jetzt schweben wir bereits über dem Feuerland selbst, mitten über der sonst fast nie sichtbaren Darwinkordillere. Wir erblicken etwas, was vor uns noch nie ein Mensch erschaut hat. Es ist doch ein wunderbares Gefühl, als Erster etwas zu sehen, das seit Beginn der Welt in Geheimnis gehüllt gewesen ist! So weit das Auge reicht: Eis. Eis, riesige Schneehalden und wild zerklüftete Bergmassen, nach allen Seiten verlaufen Gletscher, hier und da leuchten unbekannte kreisrunde Seen, viele von ihnen sind mit Treibeis von Gletscherbrüchen bedeckt, andere sogar noch vollkommen zugefroren. Wie ein ungeheurer Riegel schiebt sich dann ein Gebirgskamm wie ein einziges Stück leuchtendes Eis in den Weg: der Monte Darwin, das Haupt dieses Rückgrates.

Als ob man eine große Tüte riesiger Kristallzuckerwürfel

ausgeschüttet habe, so liegt das ganze Gewirr von Bergen unter uns. Etwas Wilderes, Zerklüfteteres kann man sich selbst in der Fantasie nicht vorstellen, die Wirklichkeit unter uns ist größer, noch nie kartografisch erfasst!

Eis, Eis, Gletscher an Gletscher, furchtbare Schründe und Hänge, hier und da blitzende Seen, scharf abgegrenzt Sarmiento, Buckland, Darwin, östlich vom Darwin geht in Nord-Süd-Richtung ein ungeheures Tal, vom Parryfjord im Norden bis zum Beaglekanal im Süden reichend. Es ist ausgefüllt mit Eis und Schnee. Sowohl von den Flanken des Darwin wie von den anschließenden Höhenzügen östlich davon leuchten weitere großartige Gletscher wie ungeheure breite Ströme, sie vereinen sich, sie spalten sich, sie führen nach allen Himmelsrichtungen davon, hier und da ins Meer, an anderen Stellen, mitten im Lande, als Inlandsgletscher endend. Schwarze Schuttstreifen durchziehen hin und wieder dies leuchtend blaugrüne, zerrissene Eis, wieder und wieder kleine Seen, es ist erstaunlich, wie viel solcher einstiger Toteisblöcke es innerhalb der Darwinkordillere gibt.

Ich bin jetzt dreitausend Meter hoch, nur wenig höher als die höchsten Gipfel, über die wir in rasender Fahrt hinwegbrausen und dröhnen. Um uns herum nichts wie Eis und Schnee und wildestes Hochgebirge. Herrgott, geht es mir eine Sekunde durch den Kopf, wenn jetzt unser Motor aussetzte!

Da schaue ich auf unsern braven Motor, der immer noch gleichmäßig sein monotones Lied singt, überschaue die Schwingen unseres Silberkondors, die im Sonnenlicht glänzen und strahlen, schaue hinter mich, wo Dreblow in aller Ruhe seine letzte Filmrolle einlegt und die letzten Aufnahmen macht, denke an das gütige Geschick, das uns bisher so treu war und uns treu bleiben wird, und werfe das Flugzeug dicht über dem Monte Italia herum. Unter mir liegt, eher an die Riviera erinnernd, der heute blaue Beaglekanal, da rinnt der Italia, da der Frances-Gletscher, unser Freund, mit der schönen geschützten Bucht, in der wir Indianer waren. Ich schaue auf meine Uhr, wir sind schon wieder viele Stunden in der Luft.

Noch einmal werfe ich einen Blick um mich herum, sehe den Sarmiento, den Buckland in der Ferne, dahinter schimmert der Stille Ozean, sehe im Süden das Kap Hoorn – praktisch genommen, übersehe ich eigentlich das ganze Feuerland an diesem Tage und aus dieser Kondorhöhe. Doch im Nordwesten braut sich wieder was zusammen, dicke Wolkenballen jagen schon heran, ich drehe ab, nehme östlichen Kurs.

Plötzlich torkeln wir wieder wie wahnsinnig, nachdem wir heute stundenlang ruhig geschwebt sind, wir haben die Wetterscheide zwischen Darwinkordillere und Valdiviakette erreicht. Ich drücke die Maschine, so viel ich kann, und lasse sie der Erde zurasen.

Da liegt auch das kleine Ushuaia abermals unter uns, ich gehe ganz tief herunter und umkreise den kleinen Ort wieder und wieder. Die ganze Bevölkerung steht draußen und jubelt uns zu, die Gouverneursgattin winkt schon mit leuchtendem rotem Klatschmohn, dem Stolz ihres Gärtchens hier am Ende der Welt. Nun gleiten wir hinab, sanft setzen die Schwimmer auf.

Dreblow und ich fallen uns in die Arme, das heute war der bisherige Höhepunkt in unserm Leben.

Nachwort

Argentinien ist ein Land faszinierender Extreme – arktisch kalt und oftmals karg im Süden, tropisch warm und üppig im Nordwesten. Und dazwischen findet man alle übrigen Klimazonen, die es auch nicht an landschaftlichem Reiz fehlen lassen. Die Pampa präsentiert sich tischeben, während die Anden die höchsten Gipfel außerhalb Asiens zu bieten haben. Naturwunder der Superlative kommen hinzu. Fährt man über Land, findet man unberührte Natur und trifft oft stunden-, wenn nicht tagelang auf keine Menschenseele.

In Buenos Aires dagegen pulsiert das Leben. Während manch verträumtes Dorf nicht einmal über eine asphaltierte Hauptstraße verfügt, sind die Bürger von Buenos Aires stolz darauf, sowohl die längste als auch die breiteste Avenida der Welt vorweisen zu können. Sie nutzen sie für wilde Autorennen, wenn sie nicht gerade im Stau stehen. Warum die Argentinier, die Porteños vor allem, so wenig von Verkehrsregeln halten, erklärt Carlota Jakisch in ihrem Beitrag.

In der Gesellschaft setzen sich die Extreme fort: Die pompöse Neoklassik und die verspielten Jugendstilpaläste von Buenos Aires muten eher südeuropäisch denn lateinamerikanisch an, Cafés, Luxusrestaurants, Theater, Museen und Buchhandlungen nebst ihren eleganten Besuchern geben dem Stadtzentrum das Flair von Weltläufigkeit und Intellektualität, wovon sich Walter Haubrich immer wieder angezogen fühlt. Der Elendsgürtel rund um die Stadt, bei dessen Besuch Mario Valentino einst Evita Perón begleitete, sowie die armen Provinzen im Norden weisen dagegen bis heute den Entwicklungsstand afrikanischer Staaten auf, wovon Mempo Giardinellis Erzählung aus dem heißen Chaco zeugt. Dort ist ein Tagelöhner immer noch auf Gedeih und Verderb den Großgrundbesitzern ausgeliefert. Argentinien ist ein Land zweier sozialer Klassen geblieben.

Dennoch gibt es so manches, was die Argentinier über regionale Verschiedenheiten und Klassenschranken hinaus eint. Freundlich gehen sie auf den Besucher zu, um mit ihm gemeinsam ihrer großen Leidenschaft, dem Mate, zu frönen. Den Mate, so erzählt Mónica Gloria Hoss de le Comte, haben sie von ihren indigenen Vorfahren übernommen, die die offizielle Geschichtsschreibung lange als Störenfriede wahrgenommen hat. Welches Leid die weiße Eroberung des Landes für sie bedeutete und dass dieses Leid sehr wohl zur kollektiven Erinnerung gehört, wurde Leopoldo Brizuela klar, als er ein altes Foto aus der Zeit der Unterwerfung des Kaziken Namuncurá betrachtete.

Ein weiterer Quell argentinischer Lebensfreude geht auf die Gauchos zurück, jene Vieh treibenden Halbnomaden der Pampas. Gemeint ist der Asado, das gemeinschaftliche Schwelgen in Mengen von Fleisch, welches man so ernst nimmt, dass es Gabriel Sagel ein Augenzwinkern abnötigt, bei einem Glas Rotwein, versteht sich.

Wie die in der zweiten Hälfte des 19. Jahrhunderts einsetzende, große europäische Einwanderungswelle das Land veränderte und die Gesellschaft bis heute prägt, beschreiben Graciela Montes und Carlos E. Wolff. So mancher Neuankömmling allerdings traf es schlecht, nicht zuletzt, weil er es mit der »kreolischen Schläue« zu tun bekam: Man haute ihn gnadenlos übers Ohr. Marcos Aguinis ist angetreten, seinen Landsleuten dieses Charaktermerkmal auszutreiben, indem er sich mit dem für die Argentinier so typischen, entwaffnenden schwarzen Humor über sie lustig macht.

Der Tango, der traurige Gedanke, den man tanzen kann, auf den heute selbst die Argentinier stolz sind, die lieber Beethoven oder Rockmusik mögen, entstand in den Vierteln jener ausgebeuteten und einsamen Immigranten. Doch auch seine schwarzen Wurzeln sollte man nicht vergessen, mahnt Tangochronist und -fanatiker Pedro Orgambide, der selbst für einige unvergessene Tangotexte verantwortlich zeichnet. Wie sehr der Tango für viele Argentinier zu einem Synonym für Heimat geworden ist, offenbart Julio Cortázar, der in seinem Pariser Exil voller Wehmut den frühen Liedern von Carlos Gardel lauschte.

Wie Evita Perón und Carlos Gardel verehrt man all jene, die es geschafft haben, von ganz unten kommend, sich einen Platz in der Einwanderungsgesellschaft zu erobern. Auch der Fußballer Diego Maradona ist eines dieser Idole. Sergio Olguín schreibt einem Fußball von Diego gar magische Kräfte zu.

Überhaupt die Magie: Man spürt sie überall, denn die Menschen glauben gern an Wunder. Von den Politikern immer wieder verraten und von der Amtskirche vernachlässigt, hat sich das Volk unzählige eigene Heilige geschaffen. Einer von ihnen ist das »wundertätige Engelchen« in Villa Unión, dessen Grab Alberto Amato besucht hat.

Argentinier bringen der Politik wenig Vertrauen entgegen. Das zeigt sich auch daran, dass sie ihre Ersparnisse lieber ins Ausland bringen oder in fremder Währung unter der Matratze horten. Denn eines ist für sie gewiss, so berichtet Carl Moses: Die nächste Krise kommt bestimmt und mit ihr eine neuerliche Abwertung der Währung.

Am Klassencharakter der Gesellschaft haben auch Juan Domingo Perón und seine charismatische Frau nicht viel geändert, obwohl sie mit ihrer Sozialgesetzgebung das Los der unteren Schichten zumindest verbessert und ihnen zu mehr Selbstbewusstsein verholfen haben. Das von Jorge Luis Borges beschriebene sklavisch ergebene Dienstmädchen des ausgehenden 19. Jahrhunderts, das dem Machismo ihrer Herren hilflos ausgeliefert war, könnte sich heute zumindest bei seiner Gewerkschaft beschweren.

Auch der devote Fabrikarbeiter, wie er in anderen Ländern

Lateinamerikas noch anzutreffen ist, gehört, den Peróns sei Dank, weitgehend der Vergangenheit an. Vom Selbstbewusstsein heutiger Arbeiter handelt der Beitrag von Ingo Malcher, der beschreibt, wie beherzt manche von ihnen, allen Wirtschaftskrisen zum Trotz, ihr Schicksal in die eigene Hand nehmen.

Doch der autoritäre, nationalistische Perón brachte nicht nur Segen, und Christoph Kuhn schreibt manch politisches und gesellschaftliches Übel seiner Hinterlassenschaft zu. Es waren er selbst und seine zweite Frau Isabel, die das Land in die dunkelste Epoche seiner Geschichte schlittern ließen, in den Staatsterror der Militärs. Gisela Tenenbaum war, wie von Erich Hackl dokumentiert, eines von vielen Tausend Opfern. Die Folgen jener bleiernen Zeit haben viele Argentinier auch nach mehr als dreißig Jahren nicht losgelassen, wie Hilmar Poganatz erfuhr.

Gunther Plüschow, der deutsche Flugpionier, erlebte dagegen nur unbändige Freude, als er 1929 als erster Mensch die Schneemassen, zerklüfteten Bergmassive und Gletscher Feuerlands sah und erstmals einen Postsack vom Süden Chiles ins argentinische Ushuaia beförderte – ein Beweis mehr dafür, wie jung die argentinische Geschichte noch ist, wo es vor nicht einmal hundert Jahren weite Landstriche gab, die der Entdeckung harrten.

Nichts ist, wie es auf den ersten Blick scheint in Argentinien. Hinter Europäischem verbirgt sich Lateinamerika, hinter der Melancholie des Tangos eine unbändige Lust am Leben, und was wie Chaos scheint, hat durchaus feste Regeln. Dieser Band möchte *su granito de arena,* sein Sandkörnchen dazu beitragen – wie die Argentinier sagen würden –, hinter die Kulissen zu schauen und Land und Leute besser zu verstehen.

Worterklärungen

Araukaner indigenes Volk in Nordpatagonien und Chile
Arlt, Roberto Godofredo (1900–1942) argentinischer Erzähler, Dramatiker, Dichter und Journalist
Asado wörtlich: »Braten«; der Begriff wird in Argentinien fürs Grillen verwendet
Asador Grillmeister
Bandoneon nach dem deutschen Erfinder H. Band um 1845 gebautes Harmonikainstrument
Bioy Casares, Adolfo (1914–1999) bedeutender argentinischer Schriftsteller
Bola Fangkugeln, vom Gaucho zum Einfangen von entlaufenen Rindern eingesetzt
Buckland ca. 1800 Meter hoch; einer der formschönsten Berge Feuerlands
Candombe Tanz der Schwarzen von Buenos Aires und Montevideo
Caudillo charismatische politische Führerfigur
Chaco Region mit Trockenwäldern und Dornbuschsavannen im Norden Argentiniens
Chapulín Colorado »der rote Grashüpfer«, Figur aus einer beliebten Fernsehserie, die 1972 erstmals ausgestrahlt wurde
Criollo (Kreole) Einheimischer, in Argentinien geborener Nachfahre der spanischen Eroberer
Gaucho berittener Viehhirte
Gringo Einwanderer
Guanako wild lebende Kamelart, Stammform des domestizierten Lamas
Habanera synkopischer Tanz afrokubanischen Ursprungs
Independiente Fußballverein des Verwaltungsbezirks Avellaneda
Junta Rat, Regierungsausschuss, hier: Militärjunta
Kazike Bezeichnung für indigene Stammesoberhäupter in Mittel- und Südamerika sowie für lokale Würdeträger
Kreole s. Criollo
Legua spanische Meile, 5,5727 km
Lunfardo früher: Sprachregister der unteren Bevölkerungsschichten am Río de la Plata; heute werden Lunfardo-Ausdrücke umgangssprachlich und im Tango benutzt
Mestize Nachfahre von Weißen und Indigenen

Milonga sowohl Bezeichnung für einen Vorläufer des Tangos, als auch für einen Tanzabend

Montoneros Mitglieder des Movimiento Peronista Montonero, einer peronistischen Bewegung, die sich in den 1960er- und 1970er-Jahren zu einer Stadtguerillas entwickelte

Nutria Biberratte

Ocampo Aguirre, Victoria (1890–1979) argentinische Schriftstellerin, Übersetzerin und Kulturmanagerin

Pampa Graslandschaft, die sich bis nach Uruguay und Brasilien erstreckt; wirtschaftliches Kernland Argentiniens

Paria von der Gesellschaft Ausgeschlossener

Parrilla Grill

Patio Innenhof eines Hauses

Picada Vorspeisenteller mit Oliven, Schinken, Mettwurst und Käse

Porteño eigentlich: Hafenstadtbewohner; Bezeichnung für die Bewohner von Buenos Aires

Querandí indigene Ureinwohner der Gegend um Buenos Aires

Sábato, Ernesto (geb. 1911) argentinischer Schriftsteller, Wissenschaftler und Maler

Salinas Grandes Name von drei argentinischen Salzwüsten

Sarmiento 2246 Meter hoher, pyramidenförmiger und stark vergletscherter Berg in Feuerland, benannt nach dem Schriftsteller und Präsidenten Domingo Faustino Sarmiento (1811–1888)

Tiara früher bei feierlichen Anlässen getragene Krone des Papstes

Tanguero Tangoliebhaber, -musiker oder -tänzer

Vals eine mit dem Walzer verwandte Tanzform des Tango

Yerba wörtlich: Kraut; hier: die Blätter für den Mate

Zarzuela spanisches Musiktheater, ähnlich der Operette

Autorinnen und Autoren

Mit * gekennzeichnete Titel wurden für diese Anthologie vom Verlag neu gesetzt.

Marcos Aguinis
1935 in Córdoba geboren, studierte Neurochirurgie in Buenos Aires, Freiburg und Köln. Mit vierzig Jahren gab er die Medizin auf und arbeitete zunächst für den Jüdischen Weltkongress, 1982, nach der Rückkehr Argentiniens zur Demokratie, wurde er Staatssekretär für Kultur. 1963 erschien sein erstes Buch, dem viele Romane und Essaybände folgen sollten. Er zählt in Argentinien zu den meistgelesenen Autoren und schreibt politische und philosophische Kommentare für diverse Medien.
»Die ätzende Schläue« (»La cáustica picardía«), aus: Marcos Aguinis, *El atroz encanto der ser argentinos.* © Grupo Editorial Planeta, Buenos Aires 2001. Aus dem Spanischen von Eva Karnofsky. Deutsche Erstveröffentlichung.

Alberto Amato
ist argentinischer Journalist.
»Das wundertätige Engelchen« (»El chico de los milagros«), aus: *Viva,* Sonntagsbeilage der Tageszeitung *Clarín,* August 1996. © Clarín Contenidos, Buenos Aires 1996. Aus dem Spanischen von Eva Karnofsky. Deutsche Erstveröffentlichung.

Jorge Luis Borges
geboren 1899 in Buenos Aires, gestorben 1986 in Genf. Er ist der bedeutendste argentinische Erzähler, Lyriker und Essayist des 20. Jahrhunderts. Seine fantastischen Erzählungen beeinflussen die argentinische und die lateinamerikanische Literatur bis heute. Er zählte zu den wichtigsten Autoren der 1931 von Victoria Ocampo gegründeten Kulturzeitschrift *Sur.* Zudem war er als Übersetzer tätig und lehrte Literatur an der Universität von Buenos Aires. Obwohl mit Anfang fünfzig erblindet, arbeitete er von 1955 bis 1973 als Direktor der argentinischen Nationalbibliothek.
»Eindringling«, aus: Jorge Luis Borges, *Gesammelte Werke in zwölf Bänden. Band 6: Der Erzählungen zweiter Teil.,* hrsg. von Gisbert Haefs, Fritz Arnold. © Carl Hanser Verlag, München, Wien 2001. Aus dem Spanischen von Curt Meyer-Clason und Gisbert Haefs.

Leopoldo Brizuela

geboren 1963 in La Plata. Er brach 1984 sein Literaturstudium an der Universität von La Plata ab, um Gesang zu lernen und als Sänger aufzutreten. Sein erster Roman erschien 1985 und erhielt den Fortabat-Preis für das beste Erstlingswerk, 1999 bekam er für seinen zweiten Roman den Clarín-Preis. Er arbeitet als Kulturjournalist und ist Autor von Gedichten, Erzählungen und vier Romanen.

»Die indianischen Vorfahren, aufgerieben und vergessen«* (»Cuando esta noche sea nuestra«), aus: *Concurso Nacional para Jóvenes Narradores »Haroldo Conti«, Antología 1994, 1995, 1996.* © Editorial La Página S.A. Aus dem Spanischen von Eva Karnofsky. Deutsche Erstveröffentlichung.

Julio Cortázar

geboren 1914 als Sohn eines argentinischen Diplomaten in Brüssel, gestorben 1984 in Paris. Als Vierjähriger kam er nach Buenos Aires, wo er später Literatur studierte. Nach einer Professur für französische Literatur an der Universität von Mendoza emigrierte er 1951 nach Paris aus Protest gegen die Regierung Juan Domingo Peróns. Er arbeitete als Übersetzer für die UNESCO und wurde 1981 französischer Staatsbürger. Mit seinem Roman *Rayuela* (1963) hat er zum Boom des lateinamerikanischen magischen Realismus beigetragen.

»Gardel, die Nachtigall der Pampa«*, aus: Julio Cortázar, *La vuelta al día en ochenta mundos,* Siglo XXI Editores, Mexiko-Stadt 1967. © Julio Cortázar 1967. Aus dem Spanischen von Eva Karnofsky. Deutsche Erstveröffentlichung.

Mempo Giardinelli

geboren 1947 in Resistencia/Argentinien. Von 1969 bis 1976 lebte er in Buenos Aires und ging 1976, nach dem Verbot seines ersten Romans unter der Militärdiktatur, für acht Jahre ins Exil nach Mexiko. Nach seiner Rückkehr leitete er die Kulturzeitschrift *Puro Cuento.* Von 1993 bis 2002 wohnte er in Paso de la Patria/Corrientes, seit 2001 wieder in seiner Geburtsstadt Resistencia. Er ist Autor von Erzählungen, Essays und Romanen, Herausgeber literarischer Anthologien und schreibt für zahlreiche Medien im In- und Ausland.

»Erntezeit im Chaco«* (»Erntezeit«), aus: Mempo Giardinelli, *Leb wohl, Mariano, leb wohl, Exemplarische Lebensläufe.* © für die Originalausgabe:

Mempo Giardinelli 1982. © für die deutsche Übersetzung: Piper Verlag, München 1987. Aus dem Spanischen von Curt Meyer-Clason.

Erich Hackl
geboren 1954 in Steyr/Österreich. Er arbeitete ab 1977 als Lektor und Lehrer in Madrid und Wien. Seit 1983 ist er als Übersetzer, Herausgeber und Schriftsteller tätig. Seine Erzählungen basieren auf authentischen Fällen.
»Verschwunden unter der Diktatur«*, aus: Erich Hackl, *Als ob ein Engel. Erzählung nach dem Leben.* © Diogenes Verlag AG, Zürich 2007.

Walter Haubrich
geboren 1935 in Sessenhausen/Rheinland-Pfalz. Er studierte Romanistik und Germanistik in Frankfurt, Salamanca und Mainz. 1962 ging er als Universitätslektor nach Spanien, danach trat er in die Politische Redaktion der *F.A.Z.* ein, 1969 zog er für dieselbe Zeitung als Korrespondent nach Madrid. Er unternahm ausgedehnte Lateinamerikareisen und lebt als freier Publizist und Sachbuchautor in Madrid.
»Buenos Aires – Kapitale der Kultur«, aus: Walter Haubrich/Eva Karnofsky, *Städte Lateinamerikas. Sechzehn Städtebilder von Buenos Aires bis Tingo María.* © Insel Verlag, Frankfurt am Main 1994.

Mónica Gloria Hoss de le Comte
schreibt Bücher über argentinische Sitten und Gebräuche auf Spanisch und Englisch, die im eigenen Verlag verlegt werden.
»Willkommen zum Mate«*, aus: Mónica Gloria Hoss de le Comte: *The Mate.* © Maizal Ediciones, Buenos Aires 1999. Aus dem Englischen von Eva Karnofsky. Deutsche Erstveröffentlichung.

Carlota Jakisch
geboren 1947, studierte Politologie und Soziologie und promovierte an der Belgrano-Universität von Buenos Aires in Politikwissenschaften. Sie war wissenschaftliche Mitarbeiterin im argentinischen Abgeordnetenhaus und ab 1986 für die deutsche Konrad-Adenauer-Stiftung in Buenos Aires tätig. Sie veröffentlichte zahlreiche Studien zur argentinischen Politik sowie zum Nazismus in Argentinien. 2002 wechselte sie zur Fundación Friedrich A. von Hayek.
»Anomie, eine argentinische Krankheit«* (»Anomia, una patología so-

cial argentina«), aus: *La Nación,* 28. September 1997. © Carlota Jakisch 1997. Aus dem Spanischen von Eva Karnofsky. Deutsche Erstveröffentlichung.

Christoph Kuhn

geboren 1937 in Basel, studierte Germanistik und Romanistik in Bern, Paris und Zürich. Er arbeitete für den Zürcher *Tages-Anzeiger* als Literatur- und Theaterkritiker, Magazin-Redakteur, Frankreichkorrespondent, Leiter des Kulturressorts und schließlich von 1998 bis 2002 als Lateinamerikakorrespondent mit Sitz in Buenos Aires. Er lebt als freier Publizist und Autor in Birwinken/Thurgau.
»Péron, der große Manipulator«* (»Der große Manipulator«), aus: Christoph Kuhn, *Wo der Süden im Norden liegt. Streifzüge durch das moderne Argentinien.* © Rotpunktverlag, Zürich 2007.

Ingo Malcher

geboren 1973 in Karlsruhe, studierte Politikwissenschaft in Marburg und Buenos Aires. Zehn Jahre arbeitete er als Südamerikakorrespondent mit Sitz in Buenos Aires u.a. für die *taz* und das Wirtschaftsmagazin *brand eins.* Danach war er Londonkorrespondent des Zürcher *Tages-Anzeiger.* Seit 2008 lebt er in Hamburg und arbeitet als Redakteur bei *brand eins.*
»Von der Krise zu Unternehmern verdammt«* (»Zu Unternehmern verdammt«), aus: *brand eins online,* April 2003. © Ingo Malcher 2003.

Graciela Montes

geboren 1947 in Buenos Aires, wo sie auch Literaturwissenschaften studierte. Zwanzig Jahre lang leitete sie die Kinderbuchreihe eines Verlags. Sie gründete die Vereinigung argentinischer Kinder- und Jugendbuchautoren und war Mitgründerin der Kulturzeitschrift *La Mancha.* Sie schreibt Bücher für Kinder und Jugendliche, die mit mehreren Preisen ausgezeichnet wurden.
»Die Zeit der großen Einwanderung«*, aus: Graciela Montes, *Una historia argentina. Los tiempos de los inmigrantes.* © Gramón-Colihue Libros/ Editorial La Página, Buenos Aires 1997. Aus dem Spanischen von Eva Karnofsky. Deutsche Erstveröffentlichung.

Carl Moses
geboren 1960 in Bad Neuenahr/Rheinland-Pfalz, studierte Volkswirtschaft und Romanistik in Bonn. 1987 trat er in den Dienst der Bundesagentur für Außenwirtschaft in Köln und ging 1989 für diese als Korrespondent nach Argentinien. Ab 1997 freier Wirtschaftsjournalist mit Standort Buenos Aires, seit 1997 berichtet er für die *F.A.Z.* über Wirtschaft und Finanzen in Südamerika.
»Sparer auf der Flucht«* (»Argentiniens Sparer sind ständig auf der Flucht«), aus: *Frankfurter Allgemeine Zeitung,* 20. August 2009. © Carl Moses 2009.

Sergio Olguín
geboren 1967 in Buenos Aires. Er studierte dort Literatur. Neben seiner Tätigkeit als Schriftsteller arbeitet er als Herausgeber von Anthologien und als Journalist und Literaturkritiker für verschiedene Medien. Er schrieb zahlreiche Erzählungen und mehrere Romane und erhielt 2009 den Premio Tusquets. Sergio Olguín lebt in Buenos Aires.
»Diegos Geschenk«*, aus: Sergio Olguín, *Die Traummannschaft.* Aus dem Spanischen von Matthias Strobel. © Suhrkamp Verlag, Frankfurt am Main 2006.

Pedro Orgambide
geboren 1929 in Buenos Aires, wo er auch 2003 verstarb. Er lebte von 1974 bis 1983 im Exil in Mexiko und lehrte dort an der Autonomen Universität Literatur. 1942 publizierte er erste Gedichte, es folgten zahlreiche Romane, Erzählungen, sozialkritische Essays und Biografien. Aus seiner Feder stammen auch Musicals, darunter eines über Eva Perón und über den Tangodichter und -komponisten Enrique Santos Discépolo. Er erhielt wichtige lateinamerikanische Literaturpreise, darunter 1976 den kubanischen *Casa de las Américas.* 2001 wurde er zum Ehrenbürger von Buenos Aires ernannt.
»Im Tangoschritt«* (»Prólogo«), aus: Pedro Orgambide (Hrsg.), *Tangueando. Testimonios, cuentos y poemas.* © Desde la Gente. Ediciones Instituto Movilizador de Fondos Cooperativos C. L., Buenos Aires 1992. Aus dem Spanischen von Eva Karnofsky unter Mitarbeit von María Mercedes Coello. Deutsche Erstveröffentlichung.

Gunther Plüschow
geboren 1886 in München, gestorben 1931 bei einem Flugzeugabsturz im argentinischen Patagonien. Plüschow war Marineoffizier und hatte 1914 eine Pilotenausbildung erhalten. Im Ersten Weltkrieg wurde er als Aufklärungsflieger in China als »Flieger von Tsingtau« bekannt. Im Dezember 1928 unternahmen er und sein Ingenieur Ernst Dreblow mit einem Heinkel-Doppeldecker den ersten Flug vom chilenischen Punta Arenas ins argentinische Ushuaia. Der Flugpionier wird in Argentinien bis heute verehrt.
»Silberkondor über Feuerland«*, aus: Gunther Plüschow, *Silberkondor über Feuerland. Mit Segelkutter und Flugzeug ins Reich meiner Träume;* aktualisiert und fortgeschrieben von Hans Georg Prager; Verlag E.S. Mittler & Sohn, Hamburg, Berlin, Bonn 2007.

Hilmar Poganatz
geboren 1972 in Herten/Westfalen, studierte Politologie in Münster, London und Madrid und besuchte dann die Axel Springer Journalistenschule. Während der Argentinienkrise lebte er 2002 für mehrere Monate als freier Korrespondent in Buenos Aires. Danach gründete er das Journalistenbüro Blockfrei in Berlin. 2007 reiste er für ein halbes Jahr durch Südamerika und bloggte von dort für *Die Zeit.*
»Rückkehr in den Folterkeller«* (»Das Verzeihen fällt schwer«), aus: *Die Welt,* 24. März 2006. © Hilmar Poganatz 2006.

Gabriel Sagel
geboren 1966 in Buenos Aires. Er war zunächst Musiker, dann Gastronomiejournalist und arbeitet heute als Werbefilmer, Drehbuchautor, Filmproduzent und -regisseur in Buenos Aires und den USA. Er bezeichnet sich als Gourmet.
»Fleischeslust auf Argentinisch: Der Asado«*, aus: Gabriel Sagel, *Todo bicho que camina. Manual del asador argentino.* © Editorial Planeta Argentina, Buenos Aires 1997. Aus dem Spanischen von Eva Karnofsky. Deutsche Erstveröffentlichung.

Mario Valentino
Über den Autor ist wenig bekannt, er schrieb nur dieses eine Buch. Möglicherweise handelt es sich um ein Pseudonym.
»Evita – Warum die Armen um sie weinen«*, aus: Mario Valentino, *Evita.*

Argentina lloró por ella. La vida novelada de Eva Perón. © Ediciones Martínez Roca, Barcelona 1979. Aus dem Spanischen von Eva Karnofsky. Deutsche Erstveröffentlichung.

Carlos E. Wolff
geboren 1961 in Buenos Aires als Sohn deutscher Eltern. Er studierte Wirtschaftswissenschaften an der Universität von Buenos Aires und spezialisierte sich auf Außenhandel. Etliche Jahre war er Mitarbeiter des argentinischen Büros der Kölner Bundesagentur für Außenwirtschaft. Heute ist er in der Außenhandelskommission des Ministeriums für Industrie und Tourismus in Buenos Aires tätig.
»Deutsche Pioniere und Träumer«* (»Pioneros y soñadores que ofrecieron su trabajo«), aus: *La Nación,* 14. September 1996. © Internationale Sonderbeilagen, Wien 1996. Aus dem Spanischen von Eva Karnofsky. Deutsche Erstveröffentlichung.

Der Verlag dankt den Autorinnen und Autoren dieses Bandes, bzw. deren Vertretern, für die Überlassung der Abdruckrechte. Trotz intensiver Bemühungen konnten in einzelnen Fällen die Rechteinhaber nicht ermittelt werden. Sie werden gebeten, sich mit dem Verlag in Verbindung zu setzen.
Even with great effort some of the copyright holders could not be found. They are kindly requested to contact Unionsverlag.

Die Herausgeberin

Eva Karnofsky, geboren 1955 in Wesel/Niederrhein, ist promovierte Politologin und schreibt seit 1984 über Lateinamerika. Sie war zunächst für die *F.A.Z.* und den Hörfunk der ARD tätig, bevor sie 1993 als Lateinamerikakorrespondentin der *Süddeutschen Zeitung* nach Buenos Aires zog. Seit 2003 lebt sie in Bad Honnef und arbeitet als Autorin und Literaturkritikerin.

Bildnachweis

Foto Umschlaginnenseite: Stephan Scherhag

»Was der klassische Reiseführer nicht leisten kann, fördern die handlichen Bände gezielt zutage.«
Der Tagesspiegel

»Die Nadel im ›Kulturkompass fürs Handgepäck‹ durchsticht die Schichten der immer wieder übermalten Bilder.«
Frankfurter Allgemeine Zeitung

Reise nach Indonesien (UT 476)
Geschichten fürs Handgepäck
Hg. von Lucien Leitess

Reise nach Hongkong (UT 475)
Kulturkompass fürs Handgepäck
Hg. von Françoise Hauser

Reise in die Toskana (UT 474)
Kulturkompass fürs Handgepäck
Hg. von Manfred Görgens

Reise nach Argentinien (UT 473)
Kulturkompass fürs Handgepäck
Hg. von Eva Karnofsky

Reise nach Kreta (UT 472)
Kulturkompass fürs Handgepäck
Hg. von Ulrike Frank

Reise in die Sahara (UT 471)
Kulturkompass fürs Handgepäck
Hg. von Lucien Leitess

Reise nach Island (UT 470)
Kulturkompass fürs Handgepäck
Hg. von Sabine Barth

Reise nach Japan (UT 469)
Kulturkompass fürs Handgepäck
Hg. von Françoise Hauser

Reise nach Myanmar (UT 443)
Kulturkompass fürs Handgepäck
Hg. v. Alice Grünfelder u. Lucien Leitess

Reise ins Tessin (UT 442)
Kulturkompass fürs Handgepäck
Hg. von Franziska Schläpfer

Reise nach Mexiko (UT 441)
Geschichten fürs Handgepäck
Hg. von Anja Oppenheim

Reise in die Provence (UT 440)
Kulturkompass fürs Handgepäck
Hg. von Ulrike Frank

Reise nach Ägypten (UT 439)
Geschichten fürs Handgepäck
Hg. von Lucien Leitess

Reise nach China (UT 438)
Kulturkompass fürs Handgepäck
Hg. von Françoise Hauser

Reise nach Indien (UT 423)
Kulturkompass fürs Handgepäck
Hg. von Dieter Riemenschneider

Reise nach Marokko (UT 422)
Kulturkompass fürs Handgepäck
Hg. von Lucien Leitess

Reise in den Himalaya (UT 421)
Geschichten fürs Handgepäck
Hg. von Alice Grünfelder

Reise in die Schweiz (UT 420)
Kulturkompass fürs Handgepäck
Hg. von Franziska Schläpfer

Reise nach Bali (UT 401)
Kulturkompass fürs Handgepäck
Hg. von Lucien Leitess

Reise nach Thailand (UT 400)
Geschichten fürs Handgepäck

Mehr über alle Reisebände auf *www.unionsverlag.com/reise*